富山の日帰り湯

銭湯
サウナ
温泉
100

北日本新聞社

富山の日帰り湯

銭湯 サウナ 温泉 100

もくじ

MILK

Coffee

其の2
サウナダイスキ!!

其の3 日帰りお気楽温泉

この本の使い方

■本書の特徴

本書は、富山県内の温浴施設（銭湯・スーパー銭湯・温泉施設・旅館）のうち100店についてガイドするものです。

選定の趣旨は、日帰り入浴が可能なこと、大人の日帰り入浴料が500円から1000円前後であること、だれもが気軽に立ち寄って入浴できることを基準に、掲載に賛同いただいた施設をご紹介しています。そのため、入浴時に事前予約が必要な施設、家族風呂や貸し切り専用の入浴施設、険しい山岳地帯の温泉施設の紹介は、別の機会にゆずることにいたしました。

各施設のリポートは、2022年から2024年春にかけて取材した情報をもとに執筆し、実際に入浴した実感も伝えることにしました。お風呂の印象や感想には個人差がありますので、あらかじめご了承ください。

■タイトル回り

各ページのタイトル回りには、各温浴施設の概要が示されています。

❶ 施設の名称
❷ 施設のアピールポイント
❸ サウナの有無
❹ 天然温泉の使用状況
❺ 市町村

〈例〉亀谷温泉　白樺の湯（p17）

■温泉の一般的適応症について

本書では、温泉（療養泉）の泉質を問わず共通する適応症として、
❶ 筋肉・関節の慢性的痛み、こわばり、❷ 冷え性・末梢循環障害、❸ 胃腸機能の低下、❹ 軽い高血圧、❺ 自律神経不安定症やストレスによる諸症状、❻ 軽い高コレステロール血症、❼ 病後回復期、❽ 疲労回復・健康増進
は「一般的適応症」として総括表記しています。

この本の使い方

■データ部 上段

データ部では、各温浴施設の詳細情報を略称などを使って、コンパクトに示しています。上段には、お風呂の水質や種類、設備・備品、お湯の設定温度や燃料についても分かる範囲で記しています。

温泉を利用している施設は、加温･加水状況や源泉名、療養泉は泉質や適応症（浴用のみ）などを記載しています。（富山県公表資料による源泉一覧は P139 ～ 143）また近年、人気が高まっているサウナついては、サウナの種類やサウナルームの室温、ロウリュや外気浴のサービスを分かる範囲で記しています。サービス内容は随時更新されますので、利用時には各施設で最新の情報を確認してください。

❻ 使用水（温泉・地下水・水道水・そのほか）
❼ 療養泉は、源泉・泉質・泉温・適応症（浴用）
❽ 燃料の種類
❾ 湯温の設定温度
❿ 設備・備品
⓫ バリアフリー
⓬ お風呂の種類
⓭ サウナの種類
⓮ サウナの室温
⓯ その他のサービス

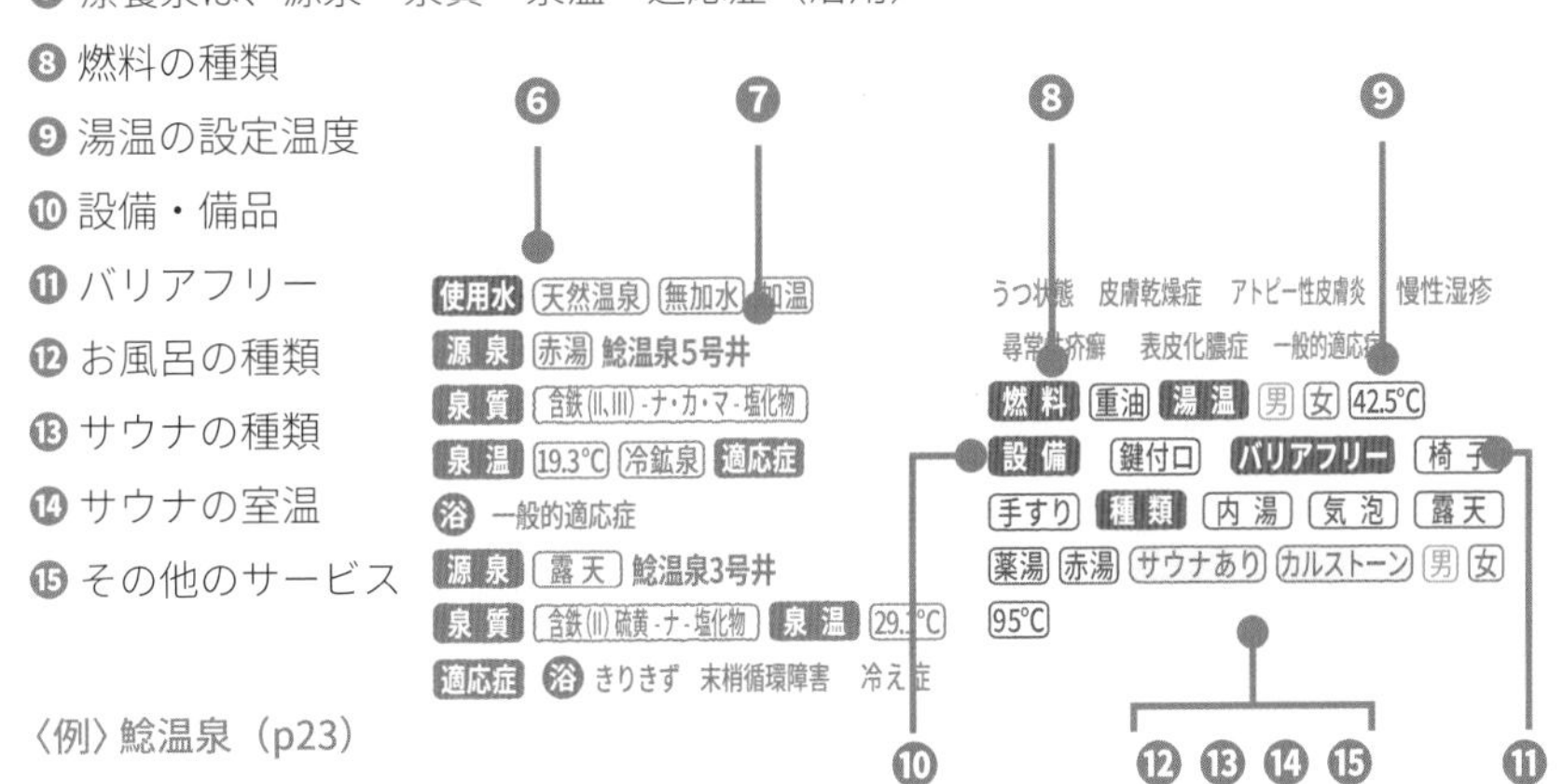

〈例〉鯰温泉（p23）

■データ部 下段

データ部下段には施設の所在地や電話番号、営業時間・定休日などを記しています。QR コードをスマートフォンで読み取ると、google map で施設までの経路がわかります。データは 2024 年 5 月 1 日時点のものです。料金体系は施設によって異なります。利用時には各施設で最新の情報を確認してください。

営 開 11:00 閉 23:00 休 元日、年に 4 回不定休 料 大 470 円 中 150 円 小 70 円 駐 60 台 HP https://www.inari-kousen.com/ 交 稲荷町駅から徒歩 8 分 ひとこと スタッフが笑顔でお迎えします。

〈例〉いなり鉱泉（p27）

■記号対照表

各施設データ部のおもな記号が示す項目を一覧します。

内容	記号
浴槽の使用水情報	使用水
天然温泉や冷鉱泉を使用	天然温泉 冷鉱泉
使用温泉が療養泉指定	療養泉
地下水を使用	地下水
人工温泉を使用	人工温泉
井戸水を使用	井戸水
水道水を使用	水道水
天然温泉の使用状況	加水 加温 掛け流し 循環 ろ過 熱交換 無加水 無加温
天然温泉の源泉名	源泉
療養泉の泉質名	泉質
単純温泉	単純
アルカリ性単純温泉	アルカリ性単純
塩化物泉	塩化物泉
ナトリウム - 塩化物泉	ナ - 塩化物
ナトリウム - 塩化物強塩泉	ナ- 塩化物強
ナトリウム・カルシウム - 塩化物泉	ナ・カ - 塩化物
炭酸水素塩泉	炭酸水素塩泉
ナトリウム - 炭酸水素塩泉	ナ- 炭酸水素塩
硫酸塩泉	硫酸塩泉
ナトリウム - 硫酸塩泉	ナ - 硫酸塩
ナトリウム - 塩化物・硫酸塩泉	ナ- 塩化物・硫酸塩
ナトリウム・カルシウム - 塩化物・硫酸塩泉	ナ・カ - 塩化物・硫酸塩
カルシウム・ナトリウム - 硫酸塩・塩化物泉	カ・ナ - 硫酸塩・塩化物
カルシウム・ナトリウム - 塩化物・硫酸塩泉	カ・ナ - 塩化物・硫酸塩
単純硫黄塩泉	単純硫黄塩
含硫黄 - ナトリウム・カルシウム - 塩化物泉(硫化水素型)	含硫黄 - ナ・カ - 塩化物(硫化水素型)
含鉄 - ナトリウム - 塩化物・炭酸水素塩泉	含鉄 - ナ - 塩化物・炭酸水素塩

内容	記号
含鉄(II・III) - ナトリウム カルシウム・マグネシウム - 塩化物塩泉	含鉄(II、III) - ナ・カ・マ - 塩化物
療養泉の適応症(浴用)	適応
一般的適応症	一般的適応症
浴槽の設定温度	湯温
湯水の加温時の燃料	燃料
浴場脱衣場の設備と備品	設備
シャンプー・リンス	シャン・リンス
石鹸・ボディソープ	石鹸・ボディ
鍵付きロッカー・冷水機	鍵付ロ・冷
ドライヤー・クシ・綿棒	ドライ・クシ・綿
バリアフリー対応	バリアフリー
風呂種類の情報	種類
サウナ設備あり	サウナあり
高温ドライサウナ	高温ドライ
バレルサウナ	バレル
低温サウナ・塩サウナ	低温・塩サウナ
スチームサウナ・ミストサウナ	スチーム・ミスト
カルストーンサウナ	カルストーン
ロウリュあり	ロウリュ
サウナルームの温度	室温
セルフロウリュ・オートロウリュ	セルフ・オート
アウフグースサービスあり	アウフ
サウナルームの設備・備品	サ備
外気浴エリアあり	外気浴
所在地	所
電場番号	☎
営業時間	営
開店時刻	開
閉店時刻	閉
受付終了	終
定休日	休
入浴料	料
駐車台数	駐
公共交通	交

わがまちのお風呂屋さん

其の1

ワンコインで至福と
健康を得られる共同浴場 48

観音湯

人情に支えられ復活した入善まちなか銭湯

「銭湯すたれば人情もすたる」。お風呂好きによく知られている詩人、田村隆一の言葉は、この銭湯にふさわしい。入善のまちなかにある観音湯は2018年にいったん閉店したが、廃業を惜しむ地域の人情に支えられて復活した。

なにしろ入善町ではたった一軒の銭湯だ。2020年に引き継いだのは、若手経営者たちでつくる合同会社の「善商」だった。

男湯の薬風呂やエステバスなど

お湯は黒部川扇状地のきれいな井戸水を沸かす。仲間の建設業者などから集める木材や廃油を燃料にしているという。常連客からは、柔らかくて湯冷めしにくいと評判だ。燃料費の高騰など厳しい経営環境にさらされながらも「銭湯の灯をこのまま消したくはない」という熱い思いが、このお風呂を支えている。

こぎれいで清潔な浴室には薬風呂やジェットのエステバス、ウルトラバス、泡風呂、電気風呂、水風呂などがずらりと並ぶ。飽きずに入浴できるので、つい長風呂してしまうかもしれない。

電気風呂や泡風呂などが並ぶ女湯

地域と歩む観音湯

使用水 地下水
燃料 まき 重油
湯温 男 女 40℃～41℃
設備 鍵付ロ ドライ
バリアフリー 椅子 手すり
種類 内湯 気泡 電気 水風呂 薬湯

所 入善町入膳 5050-1
☎ 0765-74-1126

営 開14:30 閉21:30 休月・水曜、金臨時休業あり 料 大470円 中150円 小70円 駐18台 HP https://www.instagram.com/nyz__kannonyu/ 交入善駅から徒歩7分 ひとこと 水質が自慢です。

平成松の湯

サウナあり

体にやさしい低温乾式サウナと天然水の水風呂

剱岳の版画が美しい浴室

浴槽の奥に「剱岳」の版画を引き伸ばしてプリントしてあるのが、何とも富山県らしい。先代の同級生だった版画家の作品だという。

三つの浴槽の熱さはおよそ45℃、42℃、38℃とそれぞれ温度設定が異なる。一年を通じて気持ち良く入れるように、毎日の気温に合わせて微調整しているといい、こまやかな心配りがうれしい。大人から小さい子どもまで、好みに応じて入浴を満喫できる。

写真を飾った明るいロビー

強めの電気風呂がある平成松の湯

サウナは体に優しい低温乾式サウナで、テレビも付いており、ゆっくりじっくり楽しめる。ほてった体に天然水かけ流しの水風呂が心地よい。

主人の黒﨑宇伸さんはプロの写真家で、英国王立グリニッジ博物館で作品が販売されている唯一の日本人。ガラス張りのロビーに飾られている写真は、たとえば朝日町の舟川べりに咲き誇る桜並木に「天の川」が浮かぶ夜景だ。

浴室に版画、ロビーには風景写真。町の銭湯で思いがけずそんな芸術に出会うと、ものすごく得をした気分になる。

使用水 地下水・人工温泉（恵那鉱石）
燃料 ボイラー 灯油
湯温 男 女 42℃
設備 鍵付ロ ドライ
バリアフリー 椅子 手すり エレベーター
種類 内湯（45℃・42℃・38℃で入れる浴槽があります）
ジェット 電気 水風呂
サウナあり 低温 遠赤
室温 男 女 70℃
サ備 TV 水風呂 椅子

営 開 13:00 閉 23:00 休 月曜 料 大 470円（中学生300円）中 150円 小 70円（大人1人につき小学生まで1人無料）駐 20台 HP http://toyama1010.com/gotou-heiseimatsunoyu.html 交 魚津駅から車で5分 **ひとこと** 好みの温度で入れるお湯が自慢です。

所 魚津市新金屋 1-4-2
☎ 0765-22-1286

下田温泉

サウナあり

「前方後円風呂」と池のコイに遊び心

男湯の前方後円風呂

古墳のかたちを思い出してほしい。メインの「前方後円風呂」はまさにそれ。丸いお風呂は珍しいが、さらにその先を攻めているのだろう。

円形の広い湯船でゆったりとくつろぎ、そのまま奥の四角いコーナーへ体を運ぶと、腰のあたりがビリビリと締まる。腰痛持ちにはうれしい電気風呂である。

前方後円風呂は両わきに、ジャグジー風呂とジェットのマッサージ風呂を従えていて、水戸のご老公と助さん格さんのようにも見えてきた。

大正時代、魚津の漁師町に創業。かつては二つの井戸から澄んだ水と、鉄分を含む赤い水をくんで沸かし、下田温泉の屋号で親しまれてきた。赤い井戸はかれたが、今は地下深くからくみ上げたミネラル豊富な水を沸かしている。

露天風呂のすぐ隣の池には色鮮やかなコイが泳ぎ、一緒に風呂に入っているような気分に。遊び心はいつの世も、心と体の癒やしになる。人気のサウナも備えている。

露天風呂のすぐ隣に池が。泳ぐコイが子どもに人気

魚津の漁師町で親しまれてきた下田温泉

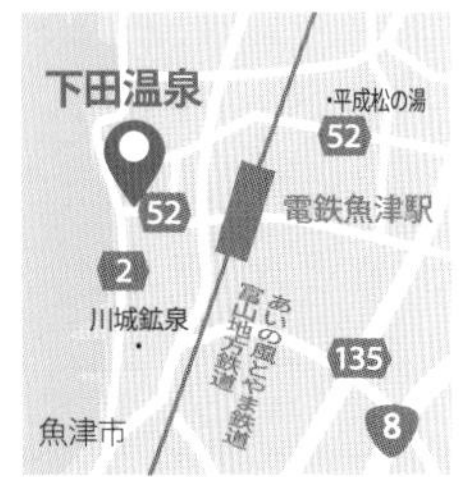

所 魚津市本町 2-12-4
☎ 0765-22-1010

使用水 地下水　燃料 ボイラー 灯油
湯温 男 女 43℃　設備 鍵付口
種類 内湯 露天 気泡 電気 水風呂 寝

サウナあり 高温ドライ 電気
室温 男 女 100℃　ロウリュ セルフ
サ備 水風呂 外気浴

営 開 13:15 閉 22:30 休 木曜 料 大 470円 中 150円 小 70円（大人1人につき小学生まで1人無料）駐 20台 HP https://www.simodaonsen-masuzusi.com/ 交 電鉄魚津駅前から徒歩7分

ひとこと よくあたたまるお湯です。

川城鉱泉

歴史ある「赤湯」と「白湯」のツートンカラー

かつての魚津城の西に、大きくうねって角川が流れる。そのほとりに、遅くとも大正時代には開湯し、薬師湯とも呼ばれる「赤湯」が1世紀にわたって愛されてきた。入り口には薬師堂があって、薬師さんを祀っている。

鉄のにおいがするお湯は、体がよく温まる。地下からくみ上げた鉱水を沸かすと、赤く酸化するのだという。保湿成分のメタケイ酸も多く含み、肌ざわりが柔らかく感じる。「美肌の湯」とも呼ばれるそうだ。もともと「赤湯」のみの浴槽だったが、1970年に改築した折、異なる湯質を楽しんでもらおうと造ったのが「白湯」で、赤白のツートンカラーとなった。入浴剤などを使わず、色違いの風呂を楽しめるのは、ぜいたくこの上ない。湯船から見る中庭には、ツツジやバラ、ユリなどの花が季節に応じて咲き誇る。

もう一つ忘れてはならないのが、外の景色だ。ゆったり流れる川の向こうに、僧ケ岳など立山連峰の山並みが続く。タイミングが合えば富山地方鉄道の電車が横切り、一枚のポストカードのようにも見えるだろう。

男湯の「赤湯」と「白湯」

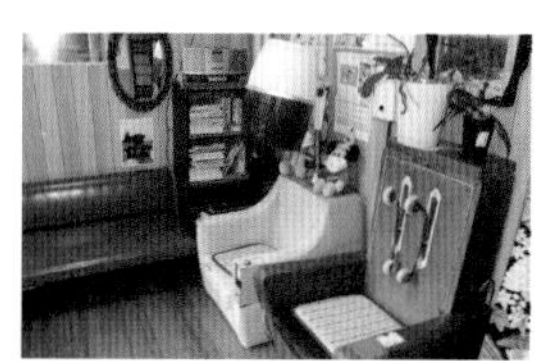

レトロな雰囲気の休憩スペース（女性側）

角川のほとりにたたずむ川城鉱泉

使用水 地下水（メタケイ酸と鉄分を多く含む赤湯［鉱泉］） **燃料** まき
湯温 男 女 43℃
設備 シャン リンス ボディ 石鹸 鍵付ロ ドライ クシ 他（マッサージ器・洗顔フォーム・メイク落とし・ティッシュ）ドライヤー、マッサージ機は無料
バリアフリー 椅子 手すり
種類 白湯 気泡 赤湯 ジェットバス

営 開 13:30 閉 22:00 **休** 日曜、月1回平日休み **料** 大 470円 中 150円 小 70円（大人1人につき小学生まで1人無料） **駐** 15台 **HP** https://twitter.com/sento_kawashiro **交** 電鉄魚津駅から徒歩10分
ひとこと 地下水100% まろやかな湯と水が自慢です。

所 魚津市上口 2-18-25
☎ 0765-22-2625

昭和の隠れ湯 塩 湯

宿場回廊の歴史伝える「心温まる浴場」

滑川の「宿場回廊」と海岸線に挟まれ、大きな池と古木を抱える神社がそばにある。そんな静かな環境も、かつては娯楽の中心地だった。

大正時代にこの辺りの浜が海水浴場になり、風呂小屋を造ったのが始まり。近くには歌舞伎座のようなモダンな劇場も建てられ、芝居や映画、政党の演説会にも使われた。遊郭もあったという。目をつむれば役者や旦那衆、芸者さんが行き交うざわめきが聞こえてくるような気がする。

お湯はしょっぱくない。戦前は浜から海水を引き込み、「電気棒」なる仕掛けで沸かした時期があり、それが「塩湯」の由来となった。今は、湯上りの体に良い「塩あめ」をプレゼントしている。

早月川水系の地下水をまきで沸かすお湯は、温度が高め。遠赤外線の効果か、「体が芯まで温まる」と評判だ。ジェットバスが1日の疲れを癒やすのはもちろん、お孫さんが仕事を手伝うなどアットホームな雰囲気が「心温まる入浴剤」になっている。

まきで沸かす湯は体が温まると評判

昔懐かしいマッサージ器も

滑川の「宿場回廊」沿いにある塩湯

使用水 地下水
燃料 まき 木屑（建築用廃材）
湯温 男 女 42℃
設備 鍵付ロ 綿 他（マッサージ器）
バリアフリー 椅子 手すり スロープ

種類 内湯 気泡 薬湯（水曜、時々日曜）、龍宮風呂（海洋深層水の入浴剤入り）・レモン風呂など実施

所 滑川市常盤町 31
☎ 076-475-0181

営 開 14:30 水 14:00 閉 21:00 休 月曜・木曜 料 大 470円 中 150円 小 70円 駐 1台 交 滑川駅から徒歩 10分 ひとこと 体の芯まであたたまる。脱衣場で昭和の BGM を聞き、近くの神社や海で森林浴・オゾン浴も。

大岩不動の湯

天然温泉

ヒノキの香りとステンドグラスの光に包まれ

玄関から入った瞬間、ヒノキの香りに包み込まれる。2008年にオープンしたというが、まるで新築のように、かぐわしい。

大岩山日石寺の少し手前。坂道を登ったところに黒く塗られた木造の平屋が、こぢんまりと建つ。里山の自然に妙にとけこんでいるのは、裏山で伐採したヒノキをふんだんに使っているからだろう。

「不動明王」のステンドグラスが映える浴室

「六本滝」のステンドグラスから光が注ぐ浴室

男女の浴室は2週間ごとに入れ替わる。壁にはそれぞれ「不動明王」と「六本滝」を描いたステンドグラスがはめこまれ、柔らかい光で穏やかな空間を演出している。地下1500メートルから湧き出るお湯は「体がよく温まる」と評判が良く、内湯はジャグジーも楽しめる。

露天風呂はかけ流しだ。

硫酸塩泉で無色透明なお湯だが、以前は赤やグレーの湯が出たこともあり、今後も変わるかどうかはだれにも分からないという。そんな謎めいたところもまた、このお風呂の魅力である。

里山の自然にとけこむ大岩不動の湯

使用水 天然温泉 掛け流し 循環
源泉 大岩不動の湯
泉質 ナ・カ-硫酸塩・塩化物 **泉温** 47℃
適応症 浴 きりきず 末梢循環障害 冷え症 うつ状態 皮膚乾燥症 一般的適応症
燃料 ボイラー 灯油

湯温 男 女 41℃ 〜 42℃
設備 鍵付ロ ドライ
バリアフリー 椅子 手すり
種類 内湯 露天 気泡

大岩不動の湯

← 上市市街地
152
・千巌渓
上市町
卍
67
大岩山日石寺
67

営 開 14:00 土日祝 開 12:00 閉 21:00 **休** 火曜・水曜（祝日の場合は翌日）**料** 大 470円 中 150円 小 70円 **駐** 30台 **HP** https://www.instagram.com/ooiwa_hudounoyu/ **交** 上市駅から車で 11 分 **ひとこと** 源泉掛け流しの露天風呂が自慢です。

所 上市町大松鍋谷3
☎ 076-473-3622

舟橋会館 さつきの湯

日本一小さな村の誰もが入れるほっこりお風呂

滑りにくい材質で作られた浴室の床と浴槽。気泡がやさしく体を包む

人口約3300人。富山県唯一の村であり、日本一小さな村という舟橋村。この村の文化・福祉センター「舟橋会館」には、誰もが利用できる浴場「さつきの湯」が備えられている。

建物は自治振興会館のようだが、受付窓口には入浴料も表示されている。なんと大人350円、小学生100円で、どこよりも安い。「舟橋村民ではないのですが、お風呂いいですか」おずおずと尋ねる。スタッフは笑顔で「いいですよ」と応じてくれる。「場所はわかりますか？」親切に案内してくれる男性に従って半地下のフロアの奥に進む。後でうかがったところ、この方が舟橋会館の館長だそうだ。

浴場入口には「さつきの湯」の看板が掲げられており、引き戸を開けると、男女浴室の赤と紺ののれんが揺れる。浴室は思ったより広く、大きな窓から明るく光が差し込む。平日の昼すぎ、洗い場にはすでに6人の先客があった。人造大谷石の床はぬれても滑らず安心感がある。浴槽は一つきりだが気泡風呂を兼ねており、水道水の沸かし湯が柔らかく感じられた。

のれんをくぐって男女の浴室へ

研修室やホールもある舟橋会館

所 舟橋村海老江 147
☎ 076-464-1126

使用水 水道水
燃料 灯油
湯温 男 女 42℃
設備 ボディ 冷 他
バリアフリー 手すり スロープ

種類 内湯 気泡

営 開 10:00（冬季は変更あり）閉 20:00 休 年末年始 料 大 350円 中 100円 小 50円 駐 約20台 HP https://www.vill.funahashi.toyama.jp/facility_new/hall.html 交 越中舟橋駅から徒歩8分

ひとこと お風呂のある文化福祉施設です。

8
富山市

亀谷温泉(かめがい) 白樺の湯(しらかば)

サウナあり　天然温泉

山々の自然に囲まれた「単純硫黄温泉」

景色が美しい単純硫黄温泉の浴場

富山市営「白樺ハイツ」が廃止されると知った地元有志がお湯を守り、2021年の春に日帰り入浴施設の「白樺の湯」として再出発した。

ここ亀谷の地は、薬師岳や有峰湖へと続く林道の入り口にあり、江戸時代には銀山で栄えた歴史を持つ。大浴槽につかりながらガラス越しに外を眺めると、山の自然が、四季折々の美しさを見せてくれる。そう言えば、富山県で初めて恐竜の足跡が発見されたのもこの亀谷だった。

かけ流しの露店風呂

かけ流しの露天風呂があるほか、サウナの横の水風呂にも源泉を100%使用している。お湯が「単純硫黄温泉」だということは、ほのかに漂う香りからも分かる。pH9・5のアルカリ性で、入浴後は肌がなめらかになったと感じる。古い角質や汚れを取り除いてくれるからだろうか。

大自然に抱かれ、心安らぐ時を過ごせる貴重な湯。広いロビーでは写真や絵画を飾るなど文化活動も繰り広げ、銭湯の灯を守り続けている。

住民たちが継承した白樺の湯

使用水 天然温泉 掛け流し 加水 ろ過
源泉 亀谷温泉 **泉質** 単純硫黄
泉温 31.9℃ **適応症** 浴 一般的適応症 アトピー性皮膚炎 尋常性疥癬 慢性湿疹 表皮化膿症
燃料 ボイラー **湯温** 露天 38℃ 内湯（夏 39.5℃／冬 41.5℃）

設備 鍵付ロ 冷
バリアフリー 椅子 手すり
種類 内湯 露天 サウナあり 遠赤
室温 男 女 70℃
サ備 水風呂 外気浴

立山駅方面→　6　常願寺川
千垣　芳見橋　富山地方鉄道
有峰口　亀谷温泉 白樺の湯
↖富山市街地方面　和田川
富山市

営 開 13:00 閉 19:30（冬～18:00） **休** 火・水・木曜 **料** 大 470円 中 150円 小 70円 **駐** 30台 **交** 自家用車推奨。有峰口駅から徒歩20分
ひとこと 単純硫黄温泉（pH9.5）の掛け流しが自慢です。

所 富山市亀谷 1-10
☎ 076-481-1301

水橋温泉 ごくらくの湯

天然温泉

地下深くからくむ湯とアイデア企画で勝負

とろみを帯びた黄褐色のお湯が、いかにも温泉らしい。地下1500メートルから湧き出る湯は、ナトリウム塩化物泉。血行を良くして湯冷めしにくく、お肌がつるつるになるそうだ。

湯船からお湯があふれ続けている。自噴、かけ流しだ。ただ源泉が55℃もあり、いったん浴槽に注いだ熱いお湯をパイプで循環させて水を加え、冷ましているという。

泡が出る浅い湯（写真右浴槽）と立ち湯（左）

浴室には泡を出す浅い浴槽と、深い立ち湯がある。露天風呂も、湯の華がふわふわと浮いていて情緒を感じる。

広々とした休憩所では、落語会や水橋にまつわるパネル展などを企画してきた。2021年に経営を引き継いだ佐藤将貴さんのアイデアだ。アニメ映画「おおかみこどもの雨と雪」に感動して陶芸家の妻と立山町に移住し、里山のアドベンチャーガイドや民泊に取り組んできたという。

地域を元気にしたい。そんな熱意を、白岩川の下流にある水橋地域にも注ぐ。

温泉の湯をたたえる露天風呂

地下深くから湯をくみ上げる
水橋温泉ごくらくの湯

所 富山市水橋中村町花内 187-1

☎ 076-479-1359

使用水 天然温泉 掛け流し 加水 循環

源泉 水橋温泉

泉質 ナ-塩化物 泉温 55℃

適応症 浴 きりきず 末梢循環障害 冷え症 うつ状態 皮膚乾燥症 一般的適応症

燃料 ガス 湯温 男 女 42.3℃

設備 鍵付ロ ベビーベッド、ベビーチェア

種類 内湯 気泡 立湯

営 開 9:30 閉 21:30 終 21:00 休 第3水曜（祝日の場合は翌日休業 年末年始変更あり） 料 大 470円 中 150円 小 70円 駐 42台 HP https://www.instagram.com/gokurakunoyu01000/ 交 水橋駅から車で5分 ひとこと 天然温泉が自慢の銭湯です。

白岩の湯

サウナあり

ロビーから眺める剱岳と人工温泉が魅力

炭酸カルシウム人工温泉や強力なジェットの風呂

北アルプスの山並みが、遮るものなく眼前に広がる。センターに鎮座するのは名峰・剱岳。近景には水をたたえた白岩川がゆったりと流れる。

これだけの眺望を、ロビーでくつろぎながらガラス越しに楽しめる銭湯など、それほど多くはないだろう。

ふと、玄関先が目に入る。3世代とおぼしき地元の女性たちが井戸水をくんでいた。聞くと「この水でご飯を炊くとおいしいのよ」と言う。

地下210メートルから湧き出る水は、しっとりとなめらか。お湯はその水を沸かし、北海道二股温泉と同じ成分の石に通す。炭酸カルシウム成分のいわゆる人工温泉だ。強力なジェットを噴き出す湯船や気泡の出る露天風呂などがあり、サウナも備えている。

周辺を走るランナーもよく利用しているという。ご主人は、若い世代に公衆浴場の魅力を伝えるためにも「将来は駐車施設を整備し、ツーリングやサイクリングの拠点にしたい」と夢を語る。

立山連峰の眺望を楽しめるロビー

上質な水と眺望が自慢の白岩の湯

使用水 地下水（人工温泉：炭酸カルシウム温泉） **燃料** ボイラー 重油
湯温 男 女 40℃～42℃
設備 鍵付ロ ドライ クシ 綿 他（ティッシュ、休憩用椅子）
バリアフリー 椅子 スロープ

種類 内湯 露天 気泡 炭酸泉 超音波 水風呂 座 立湯 サウナあり 高温ドライ 遠赤
室温 男 女 80℃～90℃
サ備 水風呂 外気浴 椅子

富山市
光明石温泉 久乃家
水橋温泉 ごくらくの湯
1
白岩川
至 浜黒崎
白岩の湯
148
315
至 水橋駅

営 開 10:00 閉 22:30 **休** 木曜 **料** 大 470円 中 150円 小 70円
駐 40台 HP http://toyama1010.com/toyama-siraiwanoyu.html **交** 水橋駅から車で3分 **ひとこと** 常願寺川水系の良質な地下水。剱岳一望。

所 富山市水橋畠等 297
☎ 076-478-0148

光明石温泉 久乃家 サウナあり

マイクロバブルでシルクのような柔らかさ

肌触りが優しいマイクロバブルの湯

入浴剤ではない。

きめの細かい泡が、うっすらと白くお湯を染めていく。強力な圧力をかけた湯が、ノズルから噴射されている。

目に見えないほど小さい泡の粒「マイクロバブル」の湯船に入ると、体中に酸素がまとわりついてきてシルクのように柔らかく、肌をつやつやにしてくれる。

きめ細かなマイクロバブルの水シャワー

ほかにマイクロバブルの水シャワーもあり、夏場はひんやりした感触がうれしい。入り口近くにあるミストサウナも「しっとり系」。湯船のお湯は地下150メートルからくみ上げた水を沸かし、天然鉱石の「光明石」を通してミネラル分を与えている。

創業は1929年。常願寺川の広々とした河口を渡す橋のたもとにあり、住民だけでなく、釣り人や旅人、キャンプ場の利用者など老若男女、多くの人に愛されてきた。

食事ができる料理旅館でもあり、一番のこだわりは、地元の市場から直接仕入れた四季折々の魚料理だという。

常願寺川の右岸にある久乃家

使用水 地下水 水道水 (人工温泉:光明石) サウナあり **ミスト**
燃料 重油 **湯温** 男 女 42℃ **室温** 男 女 47℃ **サ備** 水風呂
設備 鍵付ロ ドライ 綿 冷
バリアフリー 手すり スロープ
種類 内湯 気泡 水風呂 マイクロバブル

所 富山市水橋山王町 1605
☎ 076-478-0249

営 開 12:30 閉 21:30 休 火曜、月に1回金曜 料 大 470円 中 150円 小 70円 駐 25台 HP https://hisanoya-toyama.com/bath 交 水橋駅から車で5分 **ひとこと** 笑顔とあいさつでお迎えします。

萩(はぎ)の湯温泉

天然温泉

レンガ風の造形が映える塩化物泉・赤いお湯

塩化物泉で人気の「赤いお湯」

赤いレンガ風のタイルが鮮やかな「赤いお湯」は、ナトリウムやカルシウムなどを含む塩化物泉で、人気が高い。

くみ上げたときは無色透明な17℃くらいの水。それを沸かすと、次第に濁った色へと変化する。座れば肩がどっぷり浸かるくらいの深さがあり、熱くはないのでゆっくりと温まりたい。

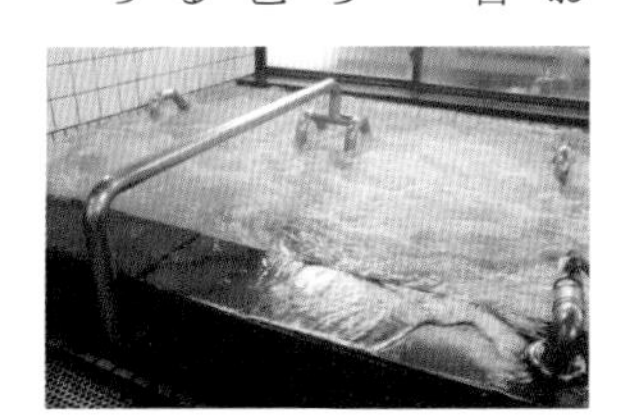
充実したジェットバス

地元で親しまれている萩の湯温泉

ほかにも深めと、それより少しだけ浅い白湯があり、ユズやイヨカンを入れることもあるという。10カ所の穴から湯が噴き出すジェットバスは2基。ここにも四季折々に、マスカットやワインの湯といった入浴剤を入れ、お客さんに楽しんでもらっている。

岩瀬では唯一の銭湯。富山港に沿った道に面している。今のオーナー家が開業したのは1969年で、湧き出る水の辺りに萩の花が咲いていたことから命名した。

アットホームな雰囲気が喜ばれ、子ども連れ・家族連れの利用者も多い。近隣商店のショップカードを置くなど、生き生きした交流に取り組む地域の社交場にもなっている。

使用水 天然温泉 掛け流し 加温
源泉 萩の湯
泉質 ナ・カ・塩化物 泉温 17.5℃
適応症 浴 きりきず 末梢循環障害 冷え症 うつ状態 皮膚乾燥症 一般的適応症

燃料 ボイラー（無圧温水缶）
湯温 男 女 42℃
設備 綿 他（ティッシュペーパー）
バリアフリー 椅子 手すり
種類 内湯 ジェット 薬湯 赤湯

富山市
岩瀬浜海水浴場
富岩運河
富山港線
神通川
萩の湯温泉
東岩瀬駅
萩浦小学校前
1
30

営 開 14:00 閉 21:00 休 火曜 料 大 470円 中 150円 小 70円
駐 23台 HP https://www.instagram.com/haginoyu_onsen/ 交 東岩瀬駅から徒歩6分 ひとこと 赤いお湯の温泉が自慢です。

所 富山市岩瀬荒木町 722
☎ 076-438-3952

ファミリー銭湯 くさじま

サウナあり

健康支える歩行風呂やエステバス多彩に

利用者に人気の歩行風呂

充実したジェットバスのほか、森林浴やラベンダーなどの香りを楽しめる薬湯、ぬるめの炭酸露天風呂、サウナと水風呂を備えている。

「洋風浴室」もあって、男女が毎日入れ替わる。ご主人のお気に入りは洋風浴室の「エステバス」だ。歩いて奥まで進むと、体の周りをジェットの流れがぐるっと包み込むように刺激してくれる。

かつては草島鉱泉と呼んだ銭湯を2001年に建て替えた。女将が続けているのが、「季節の花」を脱衣所に飾ること。ロビー奥の休憩所には健康器具も多彩にそろえ、サービス精神にあふれている。

「和風浴室」には、銭湯では珍しい歩行風呂がある。体を動かすにはいい感じの湯加減だ。緩やかな流れに逆らいながら反時計回りにゆっくり歩くと、体の芯からぽかぽかしてくるのが分かる。敷き詰められた丸い石を踏めば、足裏のマッサージにもなる。

利用する人たちの健康を一番に考えているという。

炭酸泉の露天風呂

ファミリー銭湯くさじま

使用水 水道水
燃料 ボイラー 重油 湯温 男 女 43℃
設備 鍵付ロ ドライ クシ 綿
バリアフリー 手すり
種類 内湯 露天 気泡 炭酸泉 水風呂 薬湯 (男女湯入替あり)

サウナあり 高温ドライ 遠赤
室温 男 女 88℃
サ備 水風呂

所 富山市草島 236-4
☎ 076-435-1019

営 開 10:00 閉 22:00 日・祝 8:00 休 第3月・火曜 料 大 470円 中 150円 小 70円 駐 40台 HP http://toyama1010.com/toyama-f-kusajima.html 交 蓮町駅から車で5分 ひとこと 脱衣場の季節の花をお楽しみください。

鯰温泉（なまず）

サウナあり
天然温泉

ナマズの物語で知られる鉄と塩の天然温泉

手前が「鉄泉湯」で奥が「麦飯石湯」

なぜ「鯰」なのか不思議だった。由来となった昔話は、小学校の道徳の教材にもなったというからよく知られているのだろう。親孝行な漁師と親子のキツネの物語。そこに、水たまりの中で月影にうごめく白ナマズの群れが絡む。

　くわしくは現地の額に記されているので、乞うご期待。開湯は1801年という。

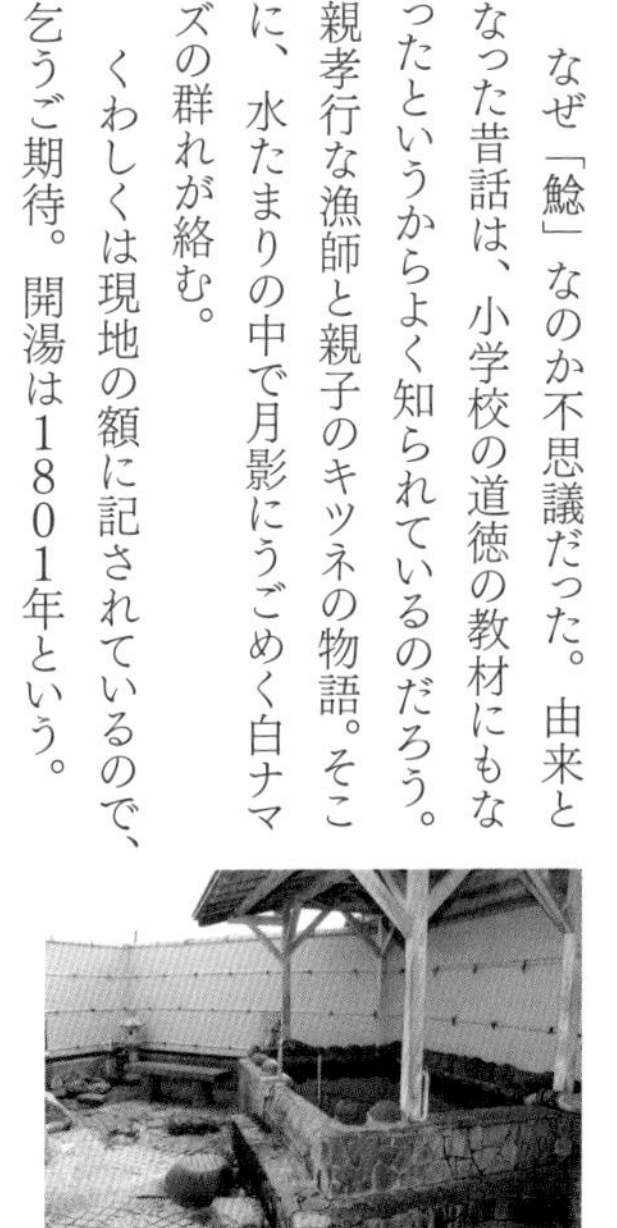

露天風呂の「ナトリウム－塩化物泉」

異なる湯を楽しめる鯰温泉

今のお風呂は、オーナーの祖父が1958年に引き継いだ。二つの天然温泉が特徴で、昔から知られているのが内風呂の「鉄泉湯」。鉄分が酸化して赤茶に染まったお湯は肌に心地よく、ゆったり浸かると体がじんわり温まる。

　露天風呂の「ナトリウム－塩化物泉」は、ほどよい塩分が肌に効く。1985年ごろに1300メートルほど掘って造ったのだという。木造の屋根と岩の組み合わせが、温泉の雰囲気を盛り上げる。

　内湯には赤い温泉のほか、水から沸かす「麦飯石湯」がある。湯の色や肌ざわりの違いを心ゆくまで楽しみたい。

使用水 天然温泉 無加水 加温
源泉 赤湯 鯰温泉5号井
泉質 含鉄(II,III)-ナ・カ・マ-塩化物
泉温 19.3℃ 冷鉱泉 **適応症**
浴 一般的適応症
源泉 露天 鯰温泉3号井
泉質 含鉄(II)-硫黄・ナ-塩化物 **泉温** 29.1℃
適応症 浴 きりきず 末梢循環障害 冷え症 うつ状態 皮膚乾燥症 アトピー性皮膚炎 慢性湿疹 尋常性疥癬 表皮化膿症 一般的適応症
燃料 重油 **湯温** 男 女 42.5℃
設備 鍵付ロ **バリアフリー** 椅子 手すり **種類** 内湯 気泡 露天 薬湯 赤湯 サウナあり カルストーン 男 女 95℃

営 開 10:00 閉 21:00 休 第1月・火曜、第3水曜、不定休 料 大 470円 中 150円 小 70円 駐 40台 HP http://www.namazu-onsen.com/ 交 鯰温泉口バス停下車 ひとこと 200年続く歴史ある温泉です。

所 富山市今市 3339
☎ 076-435-0016

立山鉱泉

サウナあり

「住民の健康」と「地域の銭湯」守る思い

主人の中平昇吾さんが経営を引き継いだのは2019年。30代初めの転職だった。もともとは病気やけがで療養する人のリハビリ訓練に携わっていたが、「治った人の地域の受け皿というか、健康を守る側になりたいと思うようになった」と振り返る。

仕事をしながら市内の銭湯を手伝っていたところ、立山鉱泉が後継者を探していることを知り、手を上げた。奥田北小学校の目と鼻の先にあり、自宅に近い。子どものころ、学校の行き帰りにいつも目にした「お風呂屋さん」だった。

番台を守り、廃材を燃やして湯をたき、清掃もする。仕事にいそしむ中平さんを横目に風呂をいただくことにした。

メインの浴槽は深く、温度は高め。入ると体がしゃきっとする。ステンレスのジェットバスやサウナでくつろぎ、水風呂で体を冷ましながら時を過ごすのもよいだろう。

神通川に近いこともあり、水に恵まれた地域。富岩運河沿いの散策も楽しめる。

心地よいジェットバスなど

ホーローの水風呂

奥田北校区にある立山鉱泉

富山市
富山港線
30
神通川
中島IC
Sauna Talo Toyama
8
立山鉱泉
越中中島駅
粟島駅

使用水 地下水 **燃料** まき

湯温 男 女 42.5℃

設備 鍵付ロ ドライ クシ 綿 冷

バリアフリー 椅子 手すり

種類 内湯 気泡 水風呂

サウナあり カルストーン

室温 男 女 75℃

所 富山市中島 3-8-33

☎ 090-6816-6970

営 開12:00 閉 21:30 休 火曜 料 大470円 中150円 小70円 駐 15台 HP https://tateyamakosen.wixsite.com/website 交 粟島駅から徒歩7分 ひとこと まきで沸かしたお湯が自慢の清潔な町の銭湯です。

奥井鉱泉

花びらのような湯船でゆったり気分

花びらを並べたような湯船

奥田小学校から北へ街道を進むと、小さな看板が見えてくる。赤い腹掛けをした、どこか愛きょうのある子どものキャラクターが目印だ。

風呂場に入ると、奥の壁には2羽の鶴のタイル絵が描かれていた。先代のご主人が好きなモチーフだったとか。

洗い場の真ん中に三つの湯船が並ぶタイプで、入り口から見て手前は「花びら」を広げたような形をしている。

一つ一つの花びらはコックピットのようでもあり、噴き出すお湯の流れが心地よい。子どもになった気分で隣の花びらに移ると、噴き出し口の並びが異なることに気づいた。ゆったりと浸かって目をつむる。有線なのか、昭和歌謡が懐かしく耳にしみる。

すぐそばの奥田神社辺りには、かつて湯治場があったという。ここは昔から庶民の暮らしになくてはならない場所だったのだろう。漫画「テルマエ・ロマエ」のように、タイムワープできたら楽しいのではと想像してみたりする。

鶴のタイル絵が鮮やか

街道沿いにある奥井鉱泉

使用水 地下水 燃料 重油
湯温 男 女 41.5℃
設備 鍵付ロ ドライ
バリアフリー 手すり
種類 内湯 気泡 超音波

営 開 13:30 閉 22:30 休 金曜 料 大 470円 中 150円 小 70円
駐 19台 HP http://okuikousen.web.fc2.com/ 交 下奥井駅から徒歩3分 ひとこと ライトレールにも乗っていける、町のランナーズステーションです。

所 富山市奥田本町 6-13
☎ 076-441-8846

竹の湯

サウナあり

環水公園近くのアットホームな湯

明るく清潔感のある浴室

富岩運河環水公園から、歩いて5分ほど。美しい水辺を散策した帰りに立ち寄ってもいいし、ランニングを趣味にしている人なら、荷物や着替えを預けて走った後にひと風呂浴びてもよいだろう。

まきでたく熱めの白湯に、ファンも多い。ジェットバスや薬湯、サウナがあり、周囲から水を噴き出すボディーシャワーで、ほてった体を冷ますと心地よい。

1962年の創業。銭湯名には、困難や苦労があっても竹のようにしなやかに、力強く伸び続けたいという願いを込めた。創業者の中川秀雄さんと妻の恵美子さんをはじめ、3世代の家族が力を合わせて経営している。

アットホームな雰囲気で、女湯の脱衣場にはベビーベッドや赤ちゃんマット、幼児のおもちゃも備えている。番台には経験豊富なおかみさんが座っているので、若いお母さんたちも安心だ。脱衣場は、希望があればヨガ教室などにも提供できるという。

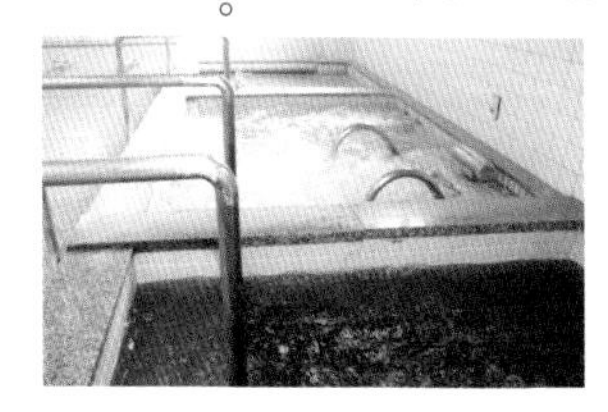
薬湯やジェットバス

まきでたく湯にファンも多い竹の湯

使用水 地下水
燃料 まき　湯温 男 女 45℃
設備 鍵付ロ クシ 綿 他（ティッシュなど）
バリアフリー 椅子 手すり

種類 内湯 大浴槽 水風呂（女湯のみ）サウナあり カルストーン
室温 男 女 80℃

所 富山市下新町28-17
☎ 076-432-3060

営 開13:30 閉22:00（日曜のみ21:00）休 月曜・第4日曜 料 大470円 中150円 小70円 駐 15台 HP https://www.instagram.com/take_no_yu.toyama/ 交 富山駅北口から徒歩11分 ひとこと 昔ながらの番台に優しいお母さんがいる、まきでたいたお風呂です。

いなり鉱泉

サウナあり

気分に合わせて楽しめる多彩なお風呂

富山市の中心からやや東寄りにある稲荷元町。明治30年代の大雨でこの地が洪水に見舞われた後、清水が湧き上がるようになった。風呂を沸かすと体に良いという評判が広がり、湯治場ができたのが始まりとされる。

落ち着いた雰囲気の館内は、きれいで広々としている。かつての浴場の壁画だった裸婦と山岳風景のモザイク画が、玄関と休憩室を飾り、歴史を感じさせる。番台の女性はにこやかで、利用客を大切に思う心づかいが伝わってくる。

内湯は「熱めの湯」と「適温の湯」があり、好みや気分に合わせて入浴できる。ジェットバスや薬風呂、サウナ、露天風呂、八角形のジャグジーなどをゆったり楽しむうち、浴室の外に「人工炭酸泉」の風呂場を見つけた。

炭酸は肌から吸収されて血管を広げ、血流を良くするという。体に負荷がかかりすぎないよう弱めに設定してあり、15分ほどくつろぐと体の内からぽかぽかしてくる。

八角形のジャグジーと露天風呂

人工炭酸泉の風呂

いろんなお湯を楽しめるいなり鉱泉

使用水 鉱泉
燃料 ガス
湯温 男 女 42℃
設備 鍵付ロ ドライ 綿
種類 内湯 露天 気泡 炭酸泉 水風呂 薬湯

サウナあり 高温ドライ
室温 90℃ 75℃ （男女入替制）

30 172 富山港線 奥田中学校前駅 いなり鉱泉 ←至富山駅 稲荷公園 富山市 稲荷町駅

営 開 11:00 閉 23:00 休 元日、年に4回不定休 料 大 470円 中 150円 小 70円 駐 60台 HP https://www.inari-kousen.com/ 交 稲荷町駅から徒歩8分 ひとこと スタッフが笑顔でお迎えします。

所 富山市稲荷元町 3-11-36
☎ 076-432-0185

島倉の湯

サウナあり

壁の水槽を泳ぎ回る色鮮やかな魚たち

竹の坪庭や魚の水槽を楽しめる女湯

長柄町の地名は、富山藩の槍組が住んでいたことにちなむ。八尾街道が通り、明治期にはその名も「明治館」という大きな料理旅館があった。歌人や俳人が立ち寄るなど、娯楽の拠点としてにぎわったそうだ。その浴場が、銭湯のルーツとなっている。

「島倉の湯」は、先代が1955年に前の経営者から買い受け、建物を〝アップデート〟しながら今に至る。

かつてはこの地に清水が湧いたというから、お湯に使う地下水の質もきっと良いはずだ。風呂には血行促進や新陳代謝に効果がある「人工炭酸泉」を取り入れ、利用者の健康志向に応えている。

浴場の壁にはめこまれた大きな水槽に、ブルーやイエローなど色鮮やかな魚が泳ぐ。南洋ハギやスズメダイ、クマノミといった海の魚だ。

飼うのは大変だろうが、子どもたちが喜びそう。脱衣場には山野草も飾ってある。人を楽しませるのは、この銭湯の伝統なのかもしれない。

鮮やかな海の魚が泳ぐ男湯の水槽

利用者の健康志向に応える島倉の湯

所 富山市長柄 3-6-6
☎ 076-423-3329

使用水 地下水（人工炭酸ガス泉）
燃料 ボイラー 重油
湯温 男 女 42.3℃
設備 鍵付ロ ドライ 他（足モミ器つきマッサージ器）

バリアフリー 椅子 手すり
種類 内湯 気泡 炭酸泉 超音波 水風呂
サウナあり 高温ドライ 室温 男 100℃ 女 85℃ サ備 水風呂

営 開14:00 閉22:30 休木曜、1月1日・2日 料 大470円（中学生は300円）サウナ料金別途（100円）中150円 小70円 駐30台 HP https://shimakuranoyu.jimdofree.com/ 交 検察庁前バス停下車徒歩4分。まいどはやバス東ルート磯部四丁目下車徒歩3分、西ルート裁判所前下車徒歩4分 ひとこと 人工炭酸泉が自慢です。

森の湯

西四十物町にともし続ける銭湯の灯

富山市の街なかにある銭湯だ。西四十物（あいもの）町の「四十物」とは鮮魚と干物の中間ぐらいの塩魚のこと。江戸時代は魚を扱う商売でにぎわったという。

かつての城下町に森の湯が開湯したのは1951年。東京の銭湯で働いていた先々代が、戦後、つてを頼ってこの町に風呂を構えた。

気泡バスなどを備えた男湯。女湯との仕切りの壁には、金魚が描かれている

それから70年余り、街なかのお風呂の灯をともし続けてきた。3代目の森田正人さんと妻の菜佳子さんは「最近は駅前からもコミュニティーバスに乗ってお客さんが来てくださいます」と感謝する。

浴室にはウルトラソニックや気泡バスなどを備える。お湯はあえて硬度成分を除去した「軟水」を使っている。石けんの泡立ちを良くし、肌の保護にも役立つという。

男女の湯を仕切る壁には鮮やかな鯉（男湯）と、かわいい金魚（女湯）が描かれていて、夫妻は「息子と娘が子どものころに選んでくれたデザインなんですよ」と教えてくれた。

心地よいウルトラソニック

富山の街なかにある森の湯

使用水 地下水
燃料 重油
湯温 男 女 42℃
設備 鍵付ロ 綿
バリアフリー 椅子 手すり
種類 内湯 超音波 気泡 水風呂

営 開 14:00 閉 20:00 休 月・金曜 料 大 470円 中 150円 小 70円
駐 7台 HP http://toyama1010.com/toyama-morinoyu.html
交 丸の内駅から徒歩8分 ひとこと 泡立ちの良い軟水のお風呂です。

所 富山市西四十物町 5-24
☎ 076-423-1085

古宮鉱泉

ほこらや鳥居のタイル絵に謎めいた雰囲気

水面に浮かぶ鳥居を描いた男湯のタイル絵

小さなほこらが正面にある。男湯の脱衣所から見えるのが、なんだか不思議。名を「古宮のほこら」と呼ぶ。ここは白山神社の霊泉として、江戸時代から知られるお湯なのだという。かつては富山藩の湯治所として湯守が置かれ、明治の初年まで長く管理されていた。

お湯はカルシウムやマグネシウムを含む地下水を、おがくずで炊く。釜の中でゆっくり、じんわりと熱している。熱くても肌当たりは良く、疲れが取れて関節の痛みも楽になる。杖を忘れて帰ったおばあさんもいたそうだ。

浴室のタイル絵は、大きくはないが味わいがある。

女湯は見まごうはずもなく、雨晴から望む立山連峰だ。しかも波しぶきが激しい。鳥居が水面に建つ男湯の絵はどこなのだろう。厳島神社を思わせるが、箱根の芦ノ湖や琵琶湖などにもこのような景色があるという。いろいろ謎めいた雰囲気が、この銭湯の魅力である。

女湯の脱衣場

歴史のある古宮鉱泉

所 富山市西中野町 1-4-20
☎ 076-422-2038

使用水 地下水
燃料 木屑 まき
湯温 男 女 44℃～45℃
設備 鍵付ロ ドライ
バリアフリー 手すり
種類 大浴槽 ジェット 気泡

営 開14:00 閉22:30 終22:00 休水曜・第2火曜 料大470円中150円 小70円 駐8台 HP http://toyama1010.com/toyama-furumiyakousen.html 交西中野電停から徒歩5分 **ひとこと** 番台のお風呂屋さんです。水質が良く、湯温が熱くても体になじみ湯上がりさわやかです。

星の湯

大空襲の焼け野原に生まれたぬくもりの湯

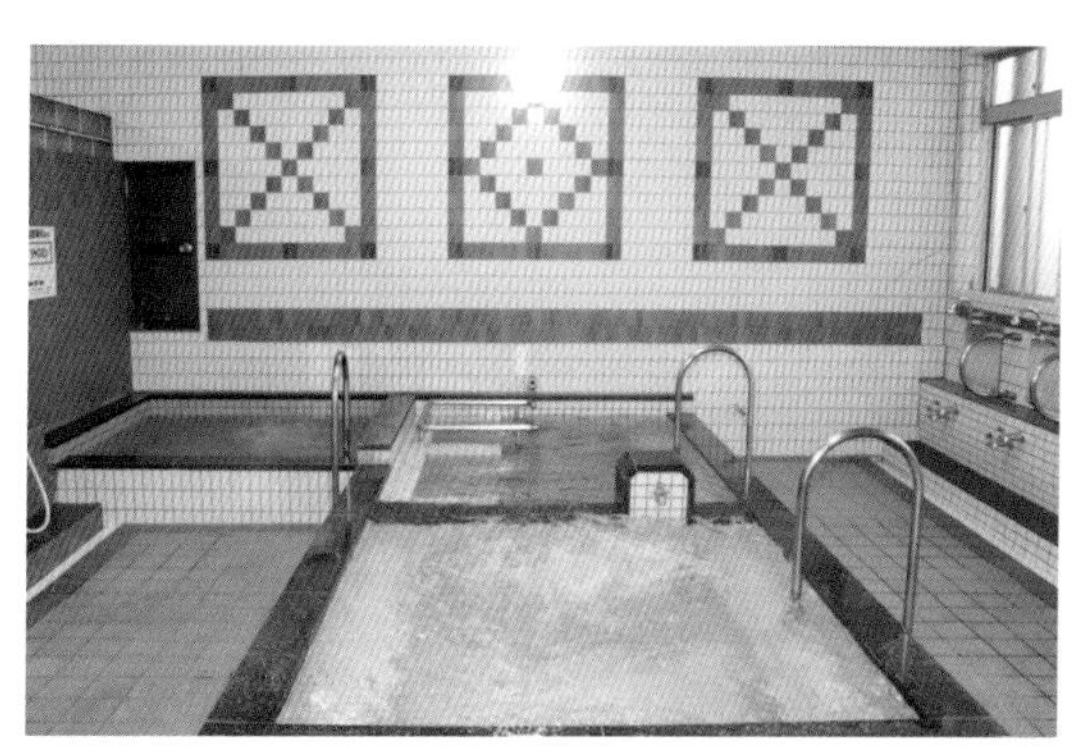
シンプルな壁のデザインが美しい浴場

広貫堂前の電停から歩いてわずか1分。銭湯は八尾出身の先代が、1949年に創業した。富山大空襲で焼け野原になり、土蔵だけが残ったこの地で、人々が喜ぶ仕事をしたかったのだという。

お湯はおがくずなどで炊いているからか、肌ざわりが良く、体もよく温まると評判だ。深い湯船で立ったまま楽しむジェットバスは、3方向からぶつかるお湯の圧力で、体が引き締まる。いすに腰掛けるジェットもあり、腰と足の裏をほどよく刺激する。

薬湯は2日おきに入浴剤を変えるという。ジャスミンなど20種ほどのバリエーションの中から、現在の経営者、宮上洋子さんが選んでいる。

宮上さんは開業の年に生まれ、銭湯とはいわば同級生。嫁いで以来、先代やご主人を早くに亡くした後も地域の「お風呂屋さん」を守り続けてきた。名称の「星」は旧星井町校区に由来するが、夜空に浮かぶ星々のようにロマンとぬくもりを感じさせる。

強い水圧が気持ちいいジェットバス

戦後の暮らしを支えた星の湯

使用水 地下水
燃料 まき 木屑
湯温 男 女 42.5℃
設備 クシ 綿 ティッシュペーパー
種類 内湯 気泡 座

・富山市郷土博物館
市内電車
・ANAクラウンプラザホテル富山
星の湯
41
広貫堂前
古宮鉱泉・
西中野
富山市

営 開 13:30 閉 21:30 休 金曜 料 大 470円 中 150円 小 70円
駐 7台 交 広貫堂駅から徒歩1分
ひとこと 番台で接客する町のお風呂屋さんです。

所 富山市中野新町 1-2-17
☎ 076-423-7015

ファミリー人工温泉 ひらき

サウナあり

しみ出す炭酸カルシウムの人工温泉

ご主人の田村正和さんは、もともと船舶の製品開発に携わるサラリーマンだった。「機械室の機器が似ていたので、この仕事にすぐになじめた」と言う。先代もサラリーマンで、2代そろっての転身組。

富山市開は平成に入って宅地開発が進んだ土地で、そこにできた銭湯を2010年に引き継いだ。大通りに面していて、一般浴場にしては施設のつくりが大きい。

自慢は炭酸カルシウムの「人工温泉」だ。地下水を沸かした湯が、石を詰めた専用装置を通ってしみ出してくる。巨大石灰華ドームで知られる北海道の二股温泉の成分を再現した仕組みなのだという。

「超ジェットバス」は深さ1メートル余り、横から噴き出すお湯の流れが強く、いつまでもその圧力に抗い続けたくなる。清潔感のある乾式サウナと水風呂、外気浴のできる露天風呂もほどよい距離にまとまっている。男女の浴室を毎日入れ替え、違いを楽しめる工夫をしている。

カルシウム温泉装置を通って湯船に流れ込むお湯

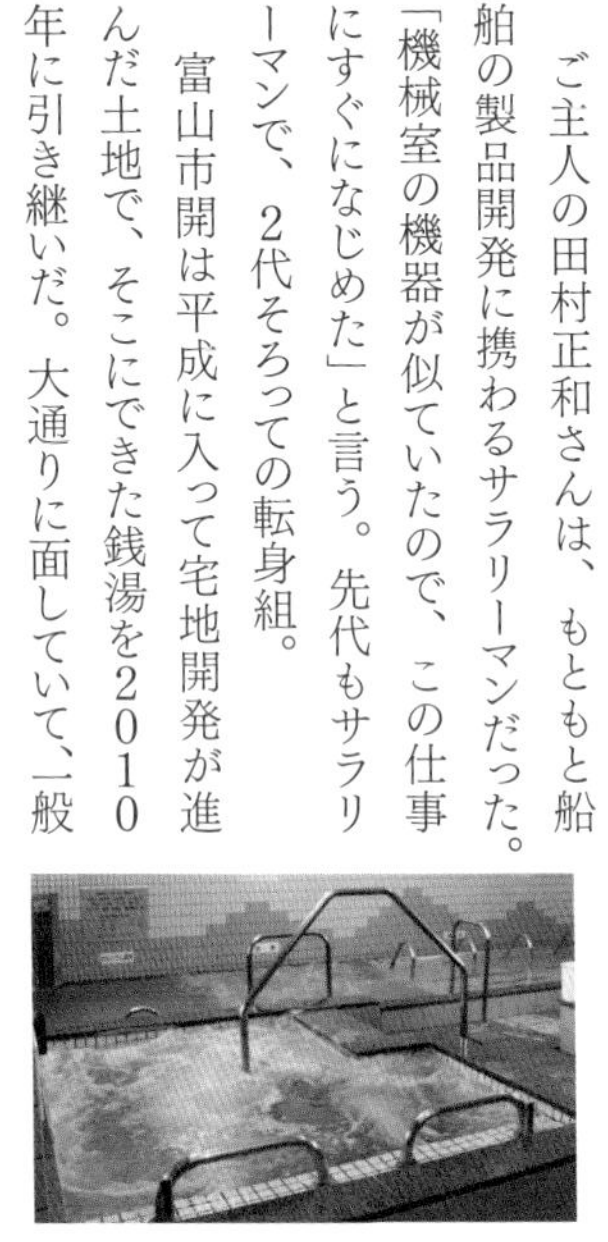
流れの強い「超ジェットバス」

人工温泉が自慢の「ファミリー温泉ひらき」

使用水 地下水（人工温泉：炭酸カルシウム温泉） 燃料 ボイラー 重油
湯温 男 女 42℃～43℃
設備 鍵付ロ
バリアフリー 手すり
種類 内湯 露天 気泡 水風呂 寝 サウナあり 高温ドライ
室温 男 女 90℃ サ備 水風呂 椅子 外気浴

所 富山市開 278
☎ 076-492-2115

営 開 10:00 閉 22:00 休 金曜 料 大 470円 中 150円 小 70円 駐 44台 HP http://toyama1010.com/toyama-f-hiraki.html 交 藤代バス停から徒歩2分 ひとこと 炭酸カルシウムの人工温泉が特長です。

入舟湯（いりふね）

サウナあり

日替わりの薬湯「ミステリー風呂」人気

美容や健康志向に応える女湯の薬湯

「ミステリー風呂」と名付けた日替わりの薬湯が、この銭湯の自慢だそうだ。

とにかく種類が多い。ご主人は、コラーゲンやヒアルロン酸などを素材にした「美容系」に自信をのぞかせる。緑茶や紅茶、コーヒーといった「お茶系」や「漢方系」も。「富山ブラック」という漢方の湯まで企画している。

熱めに沸かした湯船は「冷え性専門系」。ほかに強めの気泡風呂や寝そべるタイプのジェットバスもある。こうした浴槽にも週に1、2回はレモンやユズ、パインなど生のフルーツを入れている。

1958年に創業し、井戸水で沸かす滑らかな湯がもともと評判だった。惜しまれて閉店した後、前のオーナーや地域から要望され、近くで釣具店を営む現在のご主人が引き継いだ。自宅で育てたラベンダーをサウナに入れたり、室内をオブジェで彩ったり。

ほのぼのとした雰囲気の中に「挑戦」がひそんでいる。

手入れされた男湯の庭

黄色が鮮やかな入舟湯

使用水 地下水
燃料 重油 湯温 男 女 41℃
設備 ドライ 綿
バリアフリー 椅子 手すり
種類 内湯 ジェット 水風呂

サウナあり ボナ 室温 男 女 60℃
サ備 水風呂

営 開12:00 閉23:00 休 火曜 料 大470円 中150円 小70円
駐 25台 HP http://toyama1010.com/toyama-irifuneyu.html 交 西長江バス停から徒歩4分 ひとこと 湯上りさらさらな軟水が自慢です。

所 富山市長江本町 17-8
☎ 076-456-7180

高原鉱泉

サウナあり

全国各地の湯の華使い「温泉めぐり」

「南の湯」奥の露天風呂は全国温泉めぐりが楽しめる

水風呂のライオンの口から湧き出る水が、ここの一番の「売り」に違いない。

地下80メートルからくみ上げる水は、ミネラル豊富だが柔らかく感じられ、おいしく飲める。こだわりの天然水をまきでたいているのだから、入浴する体にも効くはずだ。

まさに立山連峰の恵み。

「玄関に造った坪庭でも、自由に水をくんでいただけますよ」と主人が言うように、近所の人もペットボトルを持ってやってくるという。

開業は1957年。大きな団地ができ、銭湯前の通りは住民のための商店街としてにぎわった。その夢の跡が、高原鉱泉なのだろう。

さまざまな仕掛けがあって楽しい。浴場は「南の湯」と「北の湯」があり、男女が毎日入れ替わる。人気のサウナや泡風呂はもちろん、南の露天風呂では全国温泉めぐりが好評で、各地から取り寄せる湯の華を順に楽しめる。ロビーには駄菓子コーナーもあり、懐かしさが心にしみる。

水風呂のライオンがトレードマーク

玄関にはおいしい水を自由にくめる坪庭も

使用水 地下水
燃料 まき **湯温** 男 女 42℃
設備 鍵付ロ ドライ 綿
種類 内湯 露天 気泡 電気 水風呂 薬湯 (偶数奇数日で男女湯入替)

サウナあり **高温ドライ** 電気 **室温** 男 女 105℃ **サ備** 水風呂 **外気浴** 椅子 ベンチ

所 富山市高屋敷 419
☎ 076-423-5471

営 開 14:00 日 8:00 閉 24:00 休 月曜 料 大 470円 中 150円 小 70円 駐 32台 HP http://takaharakousen.com/ 交 高原町バス停下車徒歩２分 ひとこと 水質・湯質が自慢のお風呂屋さんです。

プラ座ゆ

サウナあり

広い浴室が自慢の商業施設人気テナント

明るく広い洗い場

富山市の複合商業施設「マイプラザ」の3階にある。1988年にオープンして以来、リニューアルを繰り返し、現在も年間10万人以上に利用されているお風呂屋さんだ。

浴室は広々として開放感があり、街の景色はもちろん、天気が良ければ立山連峰を望むことができる。県内最大級の浴槽は、ジェットバスや気泡風呂のスペースを備えている。併設したサウナはゆったりとした気分でくつろぐことができ、水風呂も人気。女性の浴室には小さな子ども専用の浴槽もある。

男女それぞれ40以上もある洗い場は、両隣との仕切りを設けたセパレートタイプで、安心感がある。

毎週末には全国各地の名湯をイメージした入浴剤などを楽しめるのがうれしい。

商業施設ならではのサービスも特徴だ。施設の会員カードを作ると、1日に何回でも再入場できる。また、スタンプ10個で1回無料となり、誕生月やお正月の特典もある。

充実したジェットの超音波浴

プラ座ゆ

使用水 地下水
燃料 ボイラー 重油
湯温 男 女 42℃
設備 鍵付ロ ドライ
バリアフリー 椅子 手すり
種類 大浴槽 気泡 超音波

サウナあり 高温ドライ 電気
室温 男 女 100℃
サ備 水風呂

41
南富山駅
富山地方鉄道
プラ座ゆ
69
43
・南ゴルフクラブ
まちなか天然温泉ゆくりえ
朝菜町駅
富山市

営 開 12:00 閉 22:30 休 1月1日 料 大470円 中150円 小70円
駐 専用50台(マイプラザ施設120台) HP https://www.my-plaza.jp/
交 掛尾バス停下車徒歩9分 ひとこと 男女各15坪(約50m²)の大浴槽とロビーからの立山の眺望が自慢です。

所 富山市堀川町355-7 マイプラザ3F
☎ 076-495-3506

開発鉱泉（かいほつこうせん）

サウナあり

懐かしいフィギュアに出会える楽しい銭湯

明るい光が差し込むロビーに並ぶのは、昭和の懐かしいキャラクターたちだ。先代と今のご主人が趣味で集めてきたフィギュアで、アニメの主人公や企業マスコット、2メートル超のスーパーマン風の人形まで大小いろいろ。〝彼ら〟に会うだけでも訪れる価値がありそう。

まきを燃やして地下水を沸かすお湯は、鉄分豊富で湯冷めしにくい。ジェットや泡が出る風呂、サウナもあるが、何といっても「パルスマッサージバス」だろう。微弱な電流が、押す、もむ、たたく、ソフトの4通りに変化して浴槽を流れ、その刺激が心地よい。これを目当てに訪れる人もいるそうだ。

季節に応じた入浴剤を日替わりで入れる薬湯もあり、その都度、新鮮な気分でお風呂を楽しめる。男湯には外気浴室を増設し、水風呂や椅子に腰掛けてくつろげるようにした。

近隣地区への送迎も好評で、サービスの充実ぶりがうれしい。

季節に応じた入浴剤を楽しめる薬湯など

番台の奥にもフィギュアが並ぶ

昭和の懐かしさに浸れる開発鉱泉

43
富山地方鉄道
開発駅
開発鉱泉
187
富山市

使用水 地下水
燃料 まき
湯温 春・秋 42℃、夏 41℃、冬 43℃
設備 鍵付ロ
バリアフリー 椅子 手すり

種類 内湯 外気浴（男湯のみ）
気泡 超音波 電気 水風呂 薬湯 座 寝 サウナあり 100℃以上のドライサウナ
高温ドライ 電気 ストーン 室温 男 女 120℃ サ備 水風呂（ドカン）椅子

所 富山市月見町 4-66
☎ 076-429-2338

営 開 13:00 閉 22:30 休 月曜日（祝日は営業） 料 大 470円（中学生は 300円） 中 150円 小 70円 駐 30台（専用15台、ショッピングセンター共用15台） HP https://www.instagram.com/kaihotsu_kousen/ 交 月岡団地バス停下車すぐ ひとこと まきで焚くお湯は柔らかく鉄分豊富な水質で、よく温まり冷めにくい。くつろげるロビー、居酒屋も。

辰尾鉱泉（たつお）

サウナあり

廃材燃やし手間かけ沸かす肌に優しい湯

季節や日により入浴剤を変える薬用風呂

大正生まれのご主人、岩田時義さんが、昭和50年代の初めごろ、熊野神社や辰尾団地のそばにあった銭湯を買い受けた。今は娘のまさみさんと夫の進さんが、仲良くおふろを切り盛りしている。

浴室は明るい雰囲気。ジェットバスに寝そべると、噴き出すお湯が背中からふくらはぎ、足の裏まで計10カ所を刺激する。隣のゾーンは太いお湯の流れが真横から背中に、心地よくぶつかってくる。

浴槽からお湯があふれ出ている様子を見て「もったいない」と心配するファンもいたそうだが、ご安心あれ。地下から湧き出す水を、譲り受けた廃材で沸かしている。

お湯はかなり熱めだが、肌に優しく、ちくちくしない。手間はかかったとしても、木材を燃やしてお湯をたくことにこだわり続けてきた。

薬用風呂はジャスミンやアロエ、ラベンダー、じっこうなど、季節と日によって入浴剤を変えているという。足熱式のサウナもお忘れなく。

きれいなお湯があふれる湯船

廃材でお湯をたく辰尾鉱泉

使用水 地下水
燃料 ボイラー まき
湯温 男 女 42℃
設備 鍵付ロ 綿 他（マッサージ器）
種類 内湯 気泡 超音波 薬湯

サウナあり カルストーン ボイラー
室温 男 女 50℃

↑富山市街地方面
188
68
・ますのすしミュージアム
熊野川
辰尾鉱泉
41

営 開 12:30 閉 21:00 休 金曜 料 大 470円 中 150円 小 70円
駐 12台 HP http://toyama1010.com/toyama-tatsuokousen.html
交 辰尾団地バス停下車徒歩1分 ひとこと 湯冷めしないお湯が自慢です。

所 富山市辰尾新町 387
☎ 076-429-0750

マルトミ鉱泉

サウナあり

心安らぐ日本庭園の造形美が自慢

大きなコイが泳ぐ池に滝が幾重にも落ちる。静かに回る水車、丸みを帯びた石橋、そして石灯籠がたたずむ。

お湯にゆったりと浸かりながら、ガラス越しに日本庭園を眺めるひとときは、ぜいたくそのもの。池のわきにふと目をやると、かわいいトカゲが石の上で日光浴していた。

女湯のガラス越しに流れ落ちる滝と池

お風呂も充実している。たくさんの噴き出し口がある2基のジェットバスは、疲れた体を心地よく包み込んでくれる。下から気泡が噴き出す湯船や濃いめの薬用風呂、カルストーンサウナもある。鉄分を含んだ地下水を沸かすお湯は「よく温まる」と評判だ。近くに実家のある朝乃山も、子どものころに稽古の後、入浴を楽しんだという。

銭湯は白川郷から移り住んだ先代が、1967年に呉羽の丸富町に創業した。庭の大きな石は、ふるさとから運んできたもの。フロアにも白川郷の大ケヤキで制作したオブジェや高級感のある家具を置き、ファンをもてなす。

男湯から眺めた庭園

地元に根差すマルトミ鉱泉

使用水 地下水
燃料 ボイラー 重油
湯温 男 女 42℃
設備 鍵付ロ
種類 内湯 気泡 薬湯

サウナあり カルストーン
室温 男 女 65℃

所 富山市呉羽町 6068-21
☎ 076-436-6245

営 開 14:00 閉 22:30 休 金曜日 料 大 470円 中 150円 小 70円 駐 50台 HP https://www.instagram.com/marutomi1010/ 交 追分口バス停下車、徒歩5分。呉羽駅から徒歩 13 分 ひとこと 庭園と、地下水を使ったお湯が自慢です。

30 富山市

光明石温泉 呉羽(くれは)の湯

サウナあり

「旧8」沿いにある広々とした人工温泉

陽光が差し込む浴室

「肩ひじ張らず、毎日のように気軽に利用してもらう」というのがこの銭湯のコンセプトだ。「たてやま」と「つるぎ」と名付けたレイアウトの異なる浴室があり、月に2回、男女の風呂を入れ替えている。どちらも広々としたスペースが、うれしい。

「たてやま」は大きなガラス窓に沿って、天然鉱石の光明石を通した人工温泉やジェットバス、気泡風呂、水風呂が一列に並ぶ。オープン直後、陽光が差し込む時間に入ると、湯けむりに反射した光が帯のように輝いて見えた。そんな明るい空間に身を置くだけでも、気持ちが晴れ晴れとしてくる。

「つるぎ」は光明石の湯船やジェット、浅めの浴槽が正方形に組み込んであり、おせちの重箱のようにも見える。

それぞれの浴室は、広いサウナとゆったりできる露天風呂なども備えている。

施設は富山を横断する大動脈の一つ「旧8」沿いにあり、駐車場は計188台を収容する。

ゆったりできる露天風呂

気軽に利用できる呉羽の湯

使用水 地下水（人工温泉 光明石）
燃料 ヒートポンプ 重油
湯温 男 女 41.7℃（半月1回男女湯入替）
設備 鍵付ロ
種類 内湯 露天 気泡 水風呂 寝

サウナあり 高温ドライ 電気
室温 85℃（各サウナ半月1回入替）
サ備 水風呂 外気浴

営 開 9:00 閉 0:30 終 0:00 休 なし 料 大 470円 中 150円 小 70円
駐 188台 HP https://www.keisei-aqua.com/archives/bath_shop/kureha/ 交 呉羽バス停下車徒歩2分、呉羽駅下車徒歩9分。
ひとこと 交通の便もよく、人気の銭湯です。

所 富山市呉羽町2615
☎ 076-471-8228

浦乃湯（うらのゆ）

地域にかわいがられる銭湯目指し半世紀

神通川にかかる有沢橋の近く、大通りに囲まれたエリアにある。路地に入ると、白い建物が見えてくる。

おかみさんがにこやかに出迎えてくれた。

ここのお湯は、地下40メートルから水をくみ上げて沸かしている。浴槽によって温度が違い、熱めの湯がわく湯船には薬用入浴剤を入れている。隣の澄んだ白湯の湯船は温度がやや低く、ゆったりと入る人が多いようだ。

寝そべって入るジェットバスは二つ。背中とふくらはぎにお湯の流れが強めにぶつかり、とても心地よい。居合わせた客は「お湯がやわらかくて、あたたまるね」と笑みをこぼしていた。

先代が「冬でもできる仕事がしたい」と五箇山から移り住み、営業を始めたのは1976年だった。それから半世紀近くがたつ。「地域の人にかわいがられる銭湯」を心掛け、今も憩いの場として顔見知りが訪れ、おしゃべりを楽しんでいる。

熱さの異なるお湯を楽しめる浴場

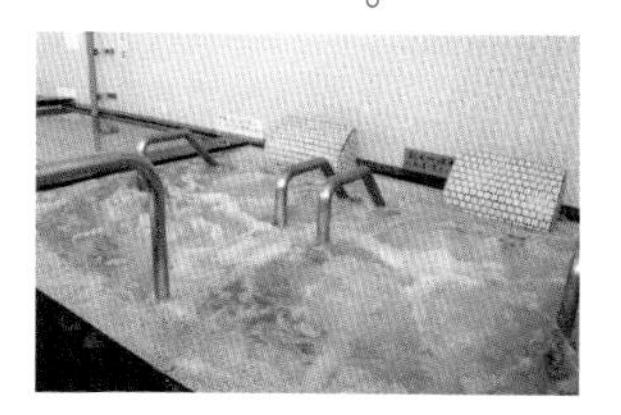
心地よいジェットバス

白い外観がさわやかな浦乃湯

使用水：地下水
燃料：ボイラー、重油
湯温：男 女 40.5℃ 42.5℃
設備：鍵付ロ、ドライ、クシ
バリアフリー：手すり、スロープ
種類：内湯、ジェット、薬湯

所 富山市羽根86
☎ 076-421-2769

営 開14:00 閉22:00 休 火曜 料 大470円 中150円 小70円
駐 15台 交 神明バス停から徒歩3分
ひとこと ぬる湯と熱湯、両方楽しめる番台のあるお風呂屋さんです。

福島の湯

シックなカフェを楽しめる井田川べりの湯

八尾の井田川べり、坂のまち大橋の近くにある。おわら風の盆を訪ねた折に見かけた人も多いのでは。道から少し入ると白い蔵があり、その奥に建つのが銭湯だ。

地下107メートルから水温19℃の水を引き、そこから沸かして温度を上げる。お湯はやわらかく、「体が温まる」と評判だ。やや強めの電気風呂が人気で、これを目当てに訪れる人もいるという。

創業から半世紀以上がたつ。代表の橘憩俊さんと姉の竹林智美さんが2021年、母から家業を引き継いだ。

外観は現代風にアレンジ。玄関を入ると、木札の下駄箱や古い大時計が目に入り、昔の面影を大切にしていることが分かる。だが、広々と改装したロビーは「cafe rest(カフェ・レスト)」と名付け、銭湯らしからぬシックな空間に生まれ変わった。コーヒーやデザート、軽食などを心地よく楽しめる。

疲れを癒やすサウナ施設の準備も進め、銭湯ファンへのサービスを進化させていく。

地下107メートルからくみ上げる水を沸かす風呂

カフェにリニューアルしたロビー

外観も一新した福島の湯

使用水 地下水
燃料 まき 重油
湯温 男 女 41℃
設備 鍵付ロ 他(マッサージ器)
バリアフリー 椅子

種類 内湯 気泡 電気
(週2回 薬湯)

営 開 14:00 閉 21:00 休 月・金曜 料 大 470円 中 150円 小 70円 駐 20台 HP https://www.instagram.com/fukujimano_yu/ 交 八尾駅から徒歩11分 ひとこと 地下107メートルからくみ上げる軟水(地下水)は、長い間湯冷めしません。

所 富山市八尾町福島52
☎ 076-454-2052

ひかりランド 大門の湯

サウナあり

若者の創意で生まれ変わったコミュニティセントー

広々として開放感のある男湯

「いみず（射水）だけに、いい水なんですよ」とスタッフが笑う。この辺りは昔から清水がわき出る地域で、傷を癒やすキツネの物語が伝承されるほど。お湯はもちろん、地下水を沸かしている。

ガラス張りの浴室は広々として開放感があり、お湯も柔らかい。このお風呂を売りにした射水市の公共施設「大門コミュニティセントー」が、2024年に民間に経営を移し、若いスタッフたちの創意で〝アップデート〟した。

大きく変わったのは中庭だろう。手造りでウッドデッキを敷き、樽のような形をしたフィンランド発祥の「バレルサウナ」を導入した。薪を燃やして130～110℃の室温を保ち、1時間に1度、ロウリュを行う。大きな木桶の水風呂は肌に心地よい。

施設内のジムは本格的なフリーウエイトエリアに拡充した。外壁の芸術的なペインティングもスタッフが描くなど、銭湯文化の継承に力を注ぐ若者たちの情熱が伝わってくる。

女湯のバレルサウナとウッドデッキ

本格的にトレーニングできるジム

所 射水市串田 1395
☎ 0766-75-2670

使用水 地下水
燃料 ボイラー（植物油）
湯温 男 女 42℃～43℃
設備 鍵付ロ

バリアフリー 椅子 手すり
種類 内湯
サウナあり バレル 110℃～130℃
ロウリュ アウフ サ備 水風呂 椅子

営 開13:00 閉23:00 休 第1月曜 料 大470円（中学生は300円）中150円 小70円 他 サウナ・ジム・体育館利用料は別途［サウナ利用料］1時間200円、2時間300円［ジム利用料］1時間300円、月額3000円［体育館利用料］大人1時間300円、学生1時間200円 駐 40台 交 自家用車推奨。広上北部バス停下車徒歩5分

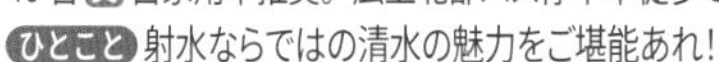
ひとこと 射水ならではの清水の魅力をご堪能あれ!

かなさき湯

「色と香り」にこだわり続ける新湊の湯

緑色をしたアロエの薬用剤入りの風呂

創業は明治で、100年を超える歳月を新湊の人たちと歩んできた。商店街の中にあり、少し足を運べば叙情豊かに流れる「内川」も近い。常連客だけでなく、旅で訪れる人ものれんをくぐる。

湯船のお湯は爽快なブルーのアロエと緑色のよもぎが、週替わりで楽しめる。経営する金崎尚士さんと美香さん夫妻は「色と香りにこだわっているんですよ」と明かす。

工夫したのが「ぶくぶくアロマ」。室内の香りを良くするため、気泡を出す空気の取り入れ口にアロマオイルをセットする。ほのかに漂うスイートオレンジの香りが、穏やかな気分にしてくれる。アルコールも混ぜてあり、同時に管を浄化する仕組みという。

最近取り替えた最新式のシャワーヘッドも自慢で、細かい水の泡が汚れを落とす。

風呂場には昭和歌謡などが流れ、懐かしい雰囲気。女性3人が交代で務める通称「番台ガールズ」のさわやかな仕事ぶりも評判が良い。

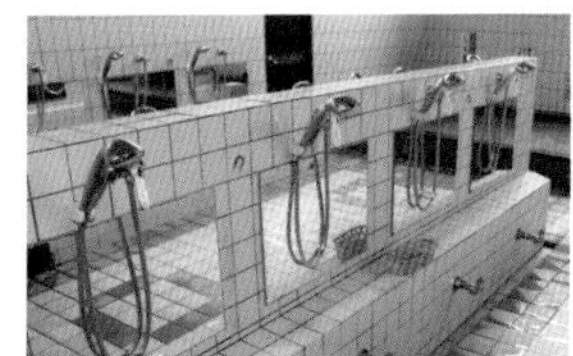
細かい水の泡が汚れを落とす最新式のシャワーヘッド

1世紀以上も地域とともに歩んできたかなさき湯

使用水 水道水 燃料 ボイラー 重油 種類 内湯 気泡 薬湯 ラドン

湯温 男 女 42℃

設備 鍵付ロ ドライ 他(マッサージ器、血圧計) バリアフリー 椅子

射水市
奈呉の浦
内川
かなさき湯
←伏木方面
350
新町口駅
中新湊駅
万葉線
415

営 開 11:00 閉 20:30 休 土曜 料 大 470円 中 150円 小 70円

駐 13台 HP https://kanasaki.her.jp/ 交 新町口駅から徒歩6分

ひとこと 汚れが落ちる最新式のファインバブルシャワーを、ぜひご利用ください。

所 射水市中新湊 2-8

☎ 0766-82-2261

パラダイス

童心に帰って楽しみたくなる高岡の風呂

パラダイスの名の通り、ほのぼのとした銭湯だ。ロビーには昔懐かしいバスと飛行機の乗り物が置いてあり、小銭を入れれば今も現役で動く。子どもがおねだりして楽しむ様子が、ほほえましい。

浴室の真ん中には、体がしっかり温まると評判の「深い浴槽」がある。その浴槽の隅に、よくできたオットセイのオブジェが置かれていて、今にも動き出しそう。じっと見ていると心がなごむ。

ジェットの出るラドン湯や泡風呂など浴槽のバリエーションが豊かな上に、滑り台や打たせ湯、プールもある。ゆったりと湯につかっていたいのだが、ついつい童心に帰って楽しみたくなってくる。

特に滑り台がくせもの。

これで遊ぶ大人はあまりいないと聞かされると、やりたくなるのが世の常だ。

意外にスピードが出た。

降りた先のフロアに打たせ湯があるので、安全第一に、周りに人がいないことを確かめてから試してみるとよい。

深い浴槽の隣にある滑り台。前方は打たせ湯、奥はプール

オットセイのオブジェ

ロビーにある動く乗り物

万葉線
氷見線
8
かたかごの湯・
高岡市役所
57
・高岡文化ホール
越中中川駅
パラダイス
高岡市
44

使用水 地下水
燃料 ボイラー 重油
湯温 男 女 41℃
設備 鍵付ロ
バリアフリー 手すり

種類 内湯 気泡 水風呂 ラドン 打 ※プールあり

所 高岡市野村東町 413
☎ 0766-22-0107

営 開 12:00 閉 23:00 休 月、第3火曜（祝日の場合は営業） 料 大 470円 中 150円 小 70円 駐 60台 交 越中中川駅から徒歩 9分
ひとこと ゆったりとした深風呂が自慢です。

和倉湯

男女の湯にまたがる立山連峰の大壁画

雨晴海岸から見る立山を描いた男湯の絵。左にはコイも

洗い場に入ると目に飛び込むのが、雨晴海岸から仰ぎ見る立山連峰である。男湯と女湯にまたがって5メートルの大壁画が広がる。

眼前に迫る磯の白波、その向こうに義経岩と女岩、遠景には白雪をいだく山並みが続く。大伴家持も見たであろう国の名勝を眺めながら、心穏やかにお湯につかる。

女湯も壁画をバックにゆったりできる

全体が赤茶色をした和倉湯

ご主人が親戚から銭湯を受け継いだのは1973年。もともとは和倉温泉にゆかりのある人が創業したのだという。雨晴の絶景は、増改築した際に制作したものだ。

地下水をじっくり沸かすお風呂は湯冷めしにくく、温まりやすい。ショウガやラベンダーなど日替わり入浴剤の薬湯が人気で、噴き出す気泡は強めに設定してあるという。超音波風呂もいい。

国民的な漫画家コンビも通った旧定塚小学校の近くにある。お年寄りが利用しやすいよう段差を減らすなど、地域の人たちのために「役に立つ銭湯」を心掛ける。

使用水 地下水
燃料 ボイラー（廃油利用）
湯温 男 女 44℃
設備 鍵付ロ
種類 内湯 気泡 超音波 薬湯

高岡古城公園・
和倉湯
万葉線
156
あいの風とやま鉄道
高岡駅
73
・瑞龍寺
58
高岡市

営 開 13:30 閉 22:00 休 月曜 料 大 470円 中 150円 小 70円
駐 8台 HP http://toyama1010.com/takaoka-wakurayu.html 交 高岡駅から徒歩7分 ひとこと タイル絵が自慢です。

所 高岡市東下関 7-10
☎ 0766-23-7396

日の出湯

サウナあり

味わい深い赤外線照射のネオン風呂

赤外線照射と気泡を組み合わせた赤外線ネオン風呂など

戦後間もない1949年に町家が多い高岡市大坪町で創業し、「日の出の勢い」に重ね合わせて命名した。

お風呂が味わい深くて魅力的だ。電球の赤外線照射と気泡を組み合わせた「赤外線ネオン風呂」は、発熱作用で疲労回復などの効果を高めるという。ミストサウナの室内に水風呂があるのも珍しく、夏場はこれを目当てに訪れるファンもいる。

時代は移っても昔から変わらずに使っているものが、能登で採れる海藻だ。漢方薬とミックスした薬湯は、深い赤茶色をしていていかにも体に良さそう。今ではこの海藻も採取されなくなったが、在庫がある限り続けていく。

番台に座る奥さんは「地域の皆さんあってのお風呂です」と言う。安全に入浴を楽しめるよう気配りし、声掛けなどのコミュニケーションも大切にしている。射水や氷見など近隣からもファンが訪れるのは、そんな雰囲気が心地よいからだろう。

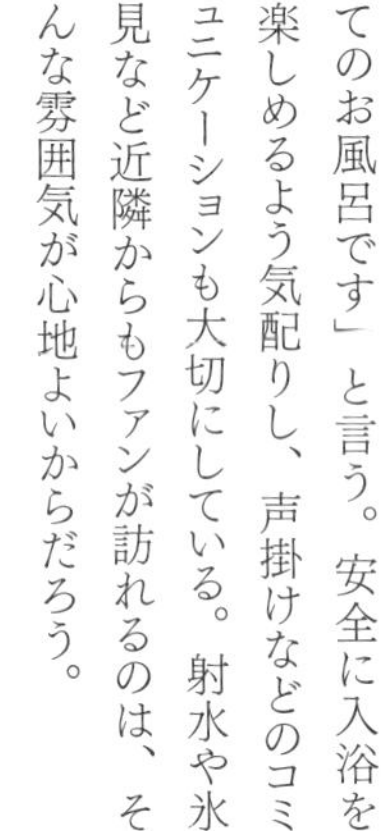
能登の海藻も入れる薬湯

地域とのコミュニケーションを大切にしている日の出湯

所 高岡市大坪町 1-7-18

☎ 0766-24-3931

使用水 地下水 水道水
燃料 ボイラー
湯温 男 女 42℃～43℃
設備 石鹸 他（タオル）
バリアフリー 椅子 手すり

種類 内湯 気泡 超音波 水風呂 薬湯
サウナあり **スチーム**
室温 男 女 47℃
サ備 水風呂 ベンチ

営 開13:00 閉22:20 **休** 毎月1・11・21日（変更あり） **料** 大470円 中 150円 小70円 **駐** 6台＋5台 HP http://toyama1010.com/takaoka-hinodeyu.html **交** 広小路駅下車、徒歩4分 **ひとこと** 築35年の建物ですが、行き届いた掃除で清潔を心がけています。

内免湯（ないめん）

おとぎ話のパステルカラーがかわいい

洗い場に入ると、かわいい壁画が出迎えてくれる。レトロというより、どちらかと言えば「メルヘン」かも。

男湯の壁にはパステルカラーの淡い海に、魚たちが泳ぐ様子が描かれている。

女湯はヨーロッパ風のイラストで、ピエロやフクロウ、お城など。きっと童話の世界だろう。洗い場のタイルも細かい模様がかわいらしい。

メルヘンの世界に誘われる女湯の壁画

パステルカラーの魚が壁画の男湯

おとぎ話のような壁画がある内免湯

創業は昭和30年代半ば。金屋町のすぐそばで、かつては鋳物工場などで働く人たちが汗を流しにきた。そんな風景も今は昔だが、根強いファンは変わらずにいる。

千保川の近くにあり、井戸からは庄川水系の上質な水がくみ上がる。おがくずや木材などを燃やして湯を沸かす昔ながらの風呂だ。

天井の扇風機は、直径1メートルを超える3枚羽をゆっくりと回し、会話を楽しみに訪れるお年寄りたちに、柔らかな風を送り続ける。おとぎ話のようなアットホームな時間が、ゆったりと流れる。

使用水 地下水
燃料 まき 木屑 重油
湯温 男 女 42℃

種類 内湯 気泡 超音波

営 開14:00 閉22:00 休 月曜と第1、3金曜 料 大470円 中150円 小70円 駐3台 HP http://toyama1010.com/takaoka-naimenyu.html
交 昭和町バス停下車、徒歩5分 ひとこと 水質の良さが自慢です。

所 高岡市内免 5-2-13
☎ 0766-23-0118

39 高岡市

ひかりランド 南星の湯

サウナあり

広さ生かしたダブルの露天とサウナ

高岡市南星中学校の近くにもともとあった浴場を、現在の経営者が2014年に購入し、リフォームした。ご主人の坂田信二さんは「段を重ねる趣向」がお好きなようだ。

まずは露天風呂。よく見ると、浴槽が上下2段重ねになっている。例えば仲の良い友人グループが上の浴槽でゆったりくつろいでいても、下段のもう一つの浴槽をほかの人に自由に使ってもらえる。「部活動の後とか、若い人たちに楽しんでもらいたい」。そんな発想で増設したのだという。

そして高温の乾式サウナの室内は階段のように、腰を掛けるところが3段ある。熱さの好みは人それぞれ。上に行くほど熱くなる「室温のグラデーション」を体感できる。

このほかにも、階段を登った2階にスチームサウナがある。水風呂も二つ。ジェットや気泡の出る湯船、薬草の湯もある。水質の良さと、公衆浴場にしてはとにかく広いのが、なんとも魅力的だ。

ジェットや気泡の湯船など

上下2段重ねの露天風呂

広いスペースを生かした
ひかりランド南星の湯

高岡市
29
富山厚生連高岡病院・
なかや旅館 憩の湯
あいの風とやま鉄道
8
高岡やぶなみ駅
ひかりランド 南星の湯
156
千保川

所 高岡市木津 728-3
☎ 0766-23-1313

使用水 地下水
燃料 ボイラー (再生油)
湯温 男 女 42℃
設備 鍵付ロ
バリアフリー 椅子 手すり
種類 内湯 露天 気泡 超音波

水風呂
サウナあり 高温ドライ 電気 室温 男 女 80℃
スチーム 室温 男 女 50℃
サ備 水風呂 外気浴

営 開 14:00 閉 23:30 休 1月1日 料 大 470円 中 150円 小 70円
〔サウナ料金〕別途50円 駐 40台 HP https://hikariland-nansei.com/
交 高岡やぶなみ駅から徒歩12分
ひとこと 水質の良さが自慢です。

なかや旅館 憩(いこい)の湯

川渡る先に庶民が愛する旅館の湯

レトロな風情漂う階段が、千保川の支流を渡して銭湯の入り口へと続く。異界へいざなう回廊のようで、いきなり遊び心を感じさせる。

だが、ここは銭湯。のれんをくぐると、女湯の脱衣場には頭からかぶるドライヤーがあり、男湯にも昭和の重々しい体重計が鎮座する。タイル張りの浴室には20人分のカランが並び、深めと浅めの浴槽がお湯をたたえる。庶民が通う昔ながらの「お風呂屋さん」は、よく温まり湯冷めしにくいと評判だ。

高岡市の永楽町は昔からきれいな水が湧き出ることで知られ、昭和の初めに先代が、この地で銭湯を始めた。昭和40年代に改築し、長期滞在のビジネス需要の高まりに応じて旅館も手掛けるようになったという。日替わりの食事メニューが好評を得ている。

「憩の湯」の名の通り、地域に愛される銭湯。近くのお年寄りが集まって会話を楽しみ、子どもたちの合宿などにも広く利用されている。

良質な地下水で沸かすお湯。子どもの合宿にも利用される

川を渡る階段の向こうに銭湯が

懐かしい頭からかぶるタイプのドライヤー

使用水 地下水
種類 内湯 気泡
燃料 ボイラー 重油
湯温 男 女 42.5℃
設備 シャン リンス ボディ 鍵付ロ
冷 他（男性用シェービングフォーム）
バリアフリー 椅子 手すり

営 開 14:00 閉 21:00 休 火曜 料 大 470円 中 150円 小 70円
駐 10台 HP http://www.nakaya-ryokan.jp/ 交 高岡やぶなみ駅から徒歩14分 **ひとこと** 良質な井戸水が自慢です。

高岡市
なかや旅館 憩の湯
29
8
富山厚生連 高岡病院・
あいの風とやま鉄道
高岡やぶなみ駅
ひかりランド 南星の湯・
千保川
156

所 高岡市永楽町 2-10
☎ 0766-22-2768

赤湯

鉄分含む井戸水とラドン湯の魅力

薬湯などを備える浴室は広々として開放的

二上山丘陵の西峰、かつて前田利長の守山城があった城山のふもとにある。宮大工をしていた先祖が、大正期に柿の木畑だった土地に作った。創業から1世紀の歴史を刻む老舗銭湯だ。

井戸水が鉄分を含み、かつては沸かすと赤く色付いたことから「赤湯」と名付けた。色は薄らいだが、今でも長い期間洗濯に使うと、タオルがうっすらと赤らむという。冬でもとにかく体が温まる。

風呂場の入り口近くに、レンガ模様の壁に囲まれた「ラドン湯」がある。ラドン石を通したお湯が、肌の活性化などにつながるという。

大きな湯船ではゆったりとくつろぐことができ、体育座りをした腰にジェットを当ててもいい。薬湯にはラベンダーや「じっこう」などを入れている。明るく広々とした洗い場が魅力的だ。

すぐ近くには国道160号線が走り、少し離れた地域、新湊や氷見などからも車で訪れるファンが多い。

レンガ色の壁に囲まれたラドン湯

高岡の城山のふもとにある赤湯

高岡市
↑氷見方面
二上山公園・
赤湯
万葉病院・
32
小矢部川
160
255

使用水 地下水
燃料 ボイラー 灯油 重油
湯温 男 女 42℃
バリアフリー 椅子 手すり
種類 内湯 超音波 ラドン 薬湯

所 高岡市守山1区219
☎ 0766-23-4731

営 開 9:00 閉 21:00 休 木曜（ただし6のつく木曜は営業、翌7のつく金曜代休） 料 大 470円 中 150円 小 70円 駐 20台 HP http://toyama1010.com/takaoka-akayu.html 交 新守山バス停下車、徒歩6分 ひとこと 県内ではめずらしいラドン風呂が自慢です。

光明石温泉 福岡の湯

サウナあり

国道8号沿いにある天然鉱石のお風呂

光明石を通した湯などが自慢の浴室

ご主人は「冷たい水風呂が売りなんですよ」と言う。

わき出る新鮮な水をかけ流しにしているので、お風呂の暖かい空気にふれても、すっきりと冷たいままなのだという。もちろん、広めのサウナや、体がぽかぽかと温まる白湯の風呂があってこその、水風呂である。

寝湯などが楽しめる浴槽

光明石温泉福岡の湯

イオン化作用が強いとされる鉱石「光明石」にお湯を通した浴槽は40℃ほどの設定で、お湯がやわらかく感じられる。体の芯から温まるので湯冷めしにくいという。

丸いすに座るジャグジーは二つあり、まわりから噴き出すお湯の流れがマッサージ効果を生む。ぷくぷくと泡が出る寝湯や露天風呂など、いろいろ楽しめるのがうれしい。

この銭湯に行くには富山県の大動脈、国道8号をひたすら走ればよい。高岡市役所福岡庁舎のすぐ近く、三角の形をした大きな建物がそれだ。

地元の人たちだけでなく、隣の石川県からも銭湯ファンが訪れる。

使用水 地下水（光明石を使った人工温泉）
燃料 ヒートポンプ 重油
湯温 男 女 41.7℃
設備 鍵付ロ クシ 綿
バリアフリー 椅子 手すり
種類 内湯 露天 気泡 水風呂 寝 打
サウナあり 高温ドライ 電気 室温 男 女 85℃ サ備 水風呂 外気浴 椅子 ベンチ

営 開9:00 閉23:30 終23:00 休 なし 料 大470円 中150円 小70円 駐54台 HP https://www.keisei-aqua.com/archives/bath_shop/fukuoka/ 交 福岡駅から徒歩9分 ひとこと 深透明度の浴槽水は、県内では最低温の水風呂だと自負しています。

所 高岡市福岡町大滝 245-1
☎ 0766-64-6486

光明石温泉 有磯（ありそ）の湯

サウナあり

JR氷見駅そばにある「心配り」の湯

氷見フィッシャーマンズワーフ海鮮館から車で数分。JR氷見駅のすぐそばにあり、近くの通りを歩けば地元出身の漫画家、藤子不二雄Ⓐさんの人気キャラクター、怪物くんやオオカミ男などのモニュメントを見て楽しめる。

氷見はほかにも見どころが多いから、あちこち巡るついでに立ち寄って、ひと風呂浴びてもよいだろう。

ゆったりとくつろげる浴槽

浴場には、イオン化作用が強いとされる「光明石」を通した人工温泉の浴槽があり、常連から「お湯が柔らかく感じる」と評判が良い。このほかジェットが三つ、気泡風呂や打たせ湯もある。サウナは座るところが3段あって、広々としているのがいい。

岩の露天風呂には広葉樹が植えられていて、季節の移ろいが感じられる。

洗い場はカランの数が男女合わせて99もあり、脱衣所は隅々まできれいに掃除されている。気持ちよく利用してほしいというスタッフの思いが伝わってくる。震災の断水時も市民のお風呂として重宝された。

樹木の彩りが美しい露天風呂

氷見駅の近くにある有磯の湯

所 氷見市伊勢大町 1-11-30
☎ 0766-72-4478

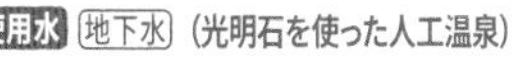

使用水 地下水（光明石を使った人工温泉）
燃料 ヒートポンプ 重油
湯温 男 女 41.7℃
設備 鍵付ロ クシ 綿
バリアフリー 椅子 手すり
種類 内湯 露天 気泡 打

サウナあり 高温ドライ 電気 ストーン
室温 男 女 90℃
サ備 水風呂 外気浴 椅子 ベンチ

営 開 9:00 閉 23:30 終 23:00 休 なし 料 大 500円（中学・高校生400円）中 160円 小 60円 駐 80台 HP https://www.keisei-aqua.com/archives/bath_shop/ariso/ 交 氷見駅から徒歩2分 ひとこと 水風呂の冷たさが自慢です。

ひかりランド 小矢部

サウナあり

浴槽ごとの温度変化を楽しめる安らぎのお湯

ゆったりとくつろげる薬湯

まだ小さなお風呂屋さんが主流だった1980年代にいち早く、郊外型の広々とした浴場を石動駅の南西にオープンした。一帯はその後ひらけ、飲食店やドラッグストアなどが並ぶ。「生活の香り」が心地よいエリアになった。

館内は清潔で、脱衣場もすっきりと整とんされている。浴室に入ると、大きなガラス越しに明るい光が差し込み、開放された気分になる。

浴槽ごとに温度設定を細やかに変えているのも、楽しみの一つ。小さい滝が流れるメインの浴槽と隣のジェットは「熱め」で、ぷくぷくと気泡が上がる浴槽は「少し熱め」。寝そべるタイプの薬湯は「ほどよい熱さ」なので、ゆったりくつろぎたい。ユズや森林浴の香りなど入浴剤は定期的に入れ替えているという。サウナや水風呂もある。

番台の女性が客と交わす会話がとても自然な雰囲気で、この風呂が地域の人に愛されていることが伝わってくる。

黒い岩の露天風呂は震災の影響で閉鎖しているが、修繕する予定。

小さな滝やジェットの浴槽

青天に映える「ひかりランド小矢部」

使用水 地下水 燃料 ボイラー
湯温 男 女 42.5℃
設備 鍵付口
バリアフリー 手すり
種類 内湯 露天 ジェット 炭酸泉 水風呂 薬湯 座 寝

サウナあり 高温ドライ ストーン
室温 男 女 85℃
サ備 水風呂
外気浴

ひかりランド小矢部
あいの風とやま鉄道
石動駅
471
北陸新幹線
・埴生護国八幡宮
小矢部川
小矢部市

営 開13:00 閉22:30 休 第1月曜 料 大470円 中150円 小70円
駐 35台 HP http://toyama1010.com/gosei-h-oyabe.html 交 石動駅から徒歩9分 ひとこと 清潔で広々とした浴室が自慢です。

所 小矢部市野端 52-3
☎ 0766-68-0993

花水木

クロスランドタワーに近い憩いの銭湯

ここに来るとき、道に迷ったとしても高さ118メートルのクロスランドタワーを目印にすればよい。すぐそばにあるのが、旧おやベクロスランドホテルをリニューアルした「花水木」だ。

ホテル業は2021年に終えたが、お湯は銭湯に生まれ変わった。ガラス張りで明るい光が差すロビーからは、古民家を移築した別館やタワーを眺めることができる。

銭湯は建物の2階にある。扇子の形をした大浴槽につかると、暗がりに浮かぶほのかな照明が心を落ち着かせてくれる。広いベランダに造られた屋根付きの露天風呂もおすすめだ。樹木越しに遠くの山並みが見え、澄んだ風がそよいで気持ちが良い。

建物内では食事や宴会、ジムでのトレーニングも楽しめる。地域になくてはならない施設として地元の人に親しまれている銭湯だが、行楽シーズンには周辺のイベントや散策を楽しんだ後、汗を流しに訪れるファンも多い。

ほのかな照明に浮かぶ大浴槽

男湯の露天風呂

クロスランドタワーの近くにある花水木

使用水 水道水
燃料 灯油 湯温 男 女 40℃
設備 鍵付ロ ドライ
バリアフリー 手すり
種類 内湯 露天

所 小矢部市鷲島 65－1
☎ 0766-67-1700

営 開 10:00 閉 18:30 休 1月1日・2日（変更あり） 料 大 480円 中 150円 小 70円 駐 80台 HP https://oyabe-hanamizuki.com/ 交 自家用車推奨。ひとこと 地元密着型、クロスランドタワーのすぐそばにあります。

柳湯

サウナあり

富山愛に満ちた風景写真の大パネル

なにしろ浴場全体が、富山愛に満ちている。

女湯のガラスの向こうには立山連峰の写真パネルが広がり、富山の市街地を北陸新幹線が駆け抜ける。男湯の大パネルは雨晴海岸から眺める立山連峰だ。となみチューリップフェアのシーズンには、パネルを花々の写真に替えるというから、粋な計らいである。

富山愛に満ちた女湯の大パネル。立山連峰を背景に新幹線が走る

郊外型だが、明治創業の老舗という。旧庄川町の本通りから、にぎわいの移り変わりとともに国道のそばのショッピングタウンに移転した。

1991年にオープンした施設は今も明るく清潔で、人気のサウナもある。庄川水系の井戸水をたたえた三つの浴槽が並び、ジェットと気泡、少し高めの温度に設定した湯船を楽しめる。

そして露天風呂。

小さなプールのようでかわいいし、ここにもチューリップなどのきれいなパネルが張ってある。見上げれば目に映る山並み。吹き抜ける庄川の風が、なんとも心地よい。

明るく清潔な浴室。男湯のパネルは雨晴から眺める立山だ

地元愛にあふれた浴場が評判の柳湯

使用水　地下水　水道水
燃料　重油
湯温　男　女　42.5℃
設備　鍵付ロ　ドライ
種類　内湯　露天　気泡　水風呂

サウナあり　高温ドライ　電気
室温　男　女　90℃
サ備　水風呂　外気浴

営　開 15:00 閉 22:00 休 火曜日 料 大 470円 中 150円 小 70円 駐 30台 HP http://toyama1010.com/gosei-yanagiyu.html 交 庄川支所前バス停下車、徒歩5分 ひとこと きれいなお風呂が自慢です。

所 砺波市庄川町示野 450

☎ 0763-82-2874

47 砺波市

ゆーハウス となみのゆ

サウナあり

国道沿いの一等地でにぎわう砺波のお風呂

周りを見渡せば大型量販店や飲食店、ファストフード店などが集積している。国道156号沿いで、砺波インターからも近い〝一等地〟だ。

1991年にオープンしたころは、これほど開発は進んでいなかったとご主人は振り返る。この地に深さ70メートルの井戸を掘ったのは「くせのない水」をしっかり確保したかったからだという。

浴室はサンルーフから光が差す広い浴槽を41・7℃に設定し、気泡も出るようにした。ジェットはそれよりもやや低い温度にし、くつろげるようにと気づかっている。

お湯の中で丸いすに腰を掛ける「水中マッサージ浴」は、周りから強い流れがいくつも噴き出して体を刺激する。気泡の超音波効果とお湯の圧力が、肌と筋肉、胃腸の疲れを癒やしてくれる。

人気のサウナはリニューアルして広くなった。露天風呂も備え、外気浴もできる。これらを銭湯並みの料金で楽しめるのはうれしい。中高年層のみならず、週末になると若いファミリーも遠くから足を運ぶ。

水中マッサージ浴のお風呂

心安らぐ露天風呂

ゆーハウス となみのゆ

使用水 地下水
燃料 ボイラー 太陽光蓄電（エコキュート）
湯温 男 女 41.7℃
設備 鍵付ロ クシ 綿
バリアフリー 椅子 手すり
種類 内湯 露天 気泡 水風呂 座

サウナあり 高温ドライ 電気
室温 男 女 85℃
サ備 水風呂 外気浴 椅子 ベンチ

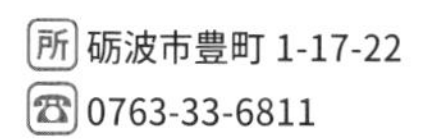

所 砺波市豊町 1-17-22
☎ 0763-33-6811

営 開 9:00 閉 24:00 終 23:30 休 なし 料 大 470円 中 150円 小 70円
駐 54 台 HP https://www.keisei-aqua.com/archives/bath_shop/tonami/ 交 砺波駅から徒歩 9 分 ひとこと 水風呂がとても冷たいです。

ひかりランド 福野

サウナあり

明るい光が降り注ぐ南砺・田園地帯のお風呂

南砺の山々に囲まれた田園地帯にあり、広い駐車場には50台は停められそうだ。

地元の政治家、綿貫民輔氏の書「千客万来」の額を掲げたロビーはスペースも十分。ずらりと並ぶパイプいすに、常連さんたちが営業時間前から腰を掛けて待っている。

そして、浴室も広い。

珍しいのが奥にある足湯の部屋だろう。熱すぎないスチームでほどよく温まりながら、足元から暖を取れるようになっている。

ほかにも大きめのサウナと水風呂、ヨモギや薬草の香りがほのかに漂う薬湯、ジェットや気泡が噴き出す浴槽などが並んでいる。

降り注ぐ光に誘われ、白湯に身をゆだねる。ガラス越しにふと庭の上に目をやると、青い空がひらけて見えた。

もしかすると、露天風呂よりも、室内の湯船の方が明るいかもしれない。これが「ひかりランド」の名の由来ではないのだろうが、気分が晴れやかになる。

光が降り注ぐ浴室

公衆浴場には珍しい足湯

南砺の田園地帯にある
ひかりランド福野

使用水 地下水
燃料 温水管ボイラー（再生油）
湯温 42℃ 男 女
設備 鍵付ロ
バリアフリー 椅子 手すり
種類 大浴槽 露天 気泡 ジェット 超音波 水風呂 薬湯

サウナあり 高温ドライ 電気
室温 男 女 80℃
サ備 水風呂
外気浴 ベンチ

営 開13:00 閉22:30 終22:10 休 第1火曜 料 大470円 中150円 小70円 駐 50台 HP http://toyama1010.com/gosei-h-fukuno.html
交 福野駅から徒歩15分 ひとこと 広さが自慢です。

所 南砺市松原 7-2
☎ 0763-22-4270

撮影場所の一つ、富山市の「草津鉱泉」を訪ねた平井監督

銭湯は僕の帰る場所
大切な時への愛惜描く

富山舞台の映画「ゆ」 平井敦士監督が語る

懐かしい日常が流れる銭湯を舞台に、フランス在住の平井敦士監督が日仏合作の短編映画「ゆ」（フランス語原題「OYU」）を手掛け、ふるさと富山で撮影した作品を世界へと発信した。

「ゆ」はカンヌ国際映画祭監督週間をはじめ、数々の国際映画祭に正式招待され、カナダやスイスなどの国際映画祭で最優秀賞やグランプリに輝いている。平井監督と一緒にゆかりの場所を訪ね、映画に込めた思いを振り返ってもらった。

（聞き手　本田　光信）

富山市水橋の「久乃家」で、子どものころの記憶をたどる平井監督

「ゆ」は2023年の冬、全編を富山県内で撮影した。主役以外は富山に暮らす市井の人々を起用し、銭湯を舞台にした21分間の短編世界を織りなした。

あらすじはこうだ。

大晦日の夜。東京に暮らす智は、実家の母親の部屋で見つけた回数券を手に、銭湯にやってくる。40年ぶりに訪れた銭湯には身近な人々の生活と人生があり、智は懐かしい日常に出会う。そんな中、身寄りのないおばあさんがのぼせて倒れてしまう…。

映画では、主人公が「かけがえのない大切な人」のことを感じ取る場として銭湯を描いている。今、世界各国でこの短編映画が評価されている理由について、平井監督は「銭湯という日本の文化を扱いながらも、世界の人に通じる物語にしたかった。観てくださる人それぞれにとって、大切な場所を思い出すきっかけになっているのでは」と感じている。

短編という尺を生かした巧みな表現と構成も評価されたのだろう。映画を見終え、スクリーンを離れて日常に戻るときに、胸に残る大切なものに気づかされる。

■人生が交わる空間

そもそもなぜ、平井監督は公衆浴場を映画の舞台に選んだのだろう。

「誰にでも、子どものころから特別な場所というものがあるはずです。僕にとってそれは銭湯でした」

監督が生まれ育ったのは富山市の水橋地区。インタビューは、常願寺川の河口近くにある銭湯「光明石温泉　久乃家」で行った。ここをはじめ地元水橋の銭湯には帰省するたびによく通っているという。

自分の意志で初めて銭湯を訪ねたのは小学校3、4年生のころだった。きっかけは覚えていないが、近くに友達の家があり、仲間とつるんでよく入りに来た。「ベーゴマ大会を開いたり、海辺でお米を炊いたり、どろどろになって遊んではお風呂に入ったもので

平井監督が手掛けた映画「ゆ」の一場面（©MLD FILMS）

す。今考えると、大人がやっていることを僕たちもしてみたかったのかもしれない」

かつての久乃家の休憩所には、ブラウン管のテレビやマッサージチェアがあり、おじさんたちがタバコをふかしていた。高校野球や大相撲の中継が流れていて、そんな昔ながらの雰囲気が好きだったと振り返る。

「子どものころの記憶は大きくて、慣れ親しんだ場所は特別に感じます。銭湯に入ると、何も考えずにただただ遊び、楽しく生きていた子ども時代がよみがえってくる。あのころの自分も一緒に、お湯につかっているような気がするんです」

フランスから富山に帰省して銭湯に入った日、国内各地を訪ね歩いている人と一緒になった。フランス帰りも、旅人も、地元で暮らす人もみな、裸になって温まり、お風呂を楽しんでいた。

「いろんな人の人生が、この銭湯という空間に詰まっている。面白いなあと思いましたね」

■特別な一日に

淡々としながらも、街のもの悲しさや人々の営み、時の流れを映像につむぎだしていく。そんな短編映画「ゆ」の撮影場所に選んだのは、富山市田刈屋にある休業中の銭湯「草津鉱泉」だった。インタビューを終えた平井監督はここにも立ち寄り、浴場のすみずみまでいとおしそうに見つめていた。銭湯に重ねる郷愁は、遠く離れたふるさとや亡くした人への愛惜にも似ているという。

人は銭湯に入って日々の疲れを癒やし、互いに元気でいることを確かめ合い、それぞれの生活へと帰っていく。子どもはそこで社会を学び、大人は人生を分かち合う。銭湯はすべての人に平等な、地域に大切なコミュニティーであり、暮らしの営みの一部であり続けた。

「銭湯から長い間離れ、忘れ去った人もいるでしょう。でも何かの折に来てみたら、きっと、ふるさとのような温かさを感じるはず。

何げないけれど特別な一日に思えるかもしれない。そういうことを映画に表現したつもりです。この映画には私の銭湯愛が詰まっている。ご覧いただいて『お風呂っていいなあ』『銭湯に行ってみたい』と思ってもらえたらうれしいですね」

いとおしそうに浴場のカランに手を触れる平井監督

■略歴

平井敦士（ひらい・あつし）

　1989年生まれ。フランス在住、富山市出身。地元で高校時代までを過ごし、映像専門学校などを経てフランスへ。ダミアン・マニヴェル監督の下で助監督を務め、素材や場所の魅力を引き出す映像手法などを学んだ。地元水橋を舞台にした日仏合作の短編「フレネルの光」（フランス語原題「Retour à Toyama」）は、ロカルノ国際映画祭など世界各国の映画祭にノミネートされた。

　同じく日仏合作の短編「ゆ」（フランス語原題「OYU」）は2023年、草津鉱泉（富山市）や川城鉱泉（魚津市）などオール富山ロケで撮影した。主役を除く出演者全員が富山県民。同年には新人監督の登竜門「カンヌ国際映画祭監督週間」に選出されるなど、2024年6月現在、世界40の映画祭にノミネートされた。カナダのモントリオール・ニュー・シネマ国際映画祭短編オフィシャルコンペティション「インターナショナル・短編部門」最優秀賞など、合わせて16の賞（最優秀賞やグランプリ、審査員賞、主演男優賞、撮影賞など）に輝いている。

脱衣所のシーンを撮影する映画「ゆ」の日仏スタッフ

湯けむりトーク in とやまで大いに語る（左から）佐藤さん、中平さん、黒﨑さん＝水橋温泉ごくらくの湯（富山市）

湯けむりトークinとやま

お風呂をこよなく愛する銭湯の経営者3人に、お集まりいただいた。国際的な写真コンテストで活躍するすご腕フォトグラファーの黒﨑さん、作業療法士から転身してご近所の銭湯を引き継いだ中平さん、Iターンして里山のEバイクツアーや民泊にも力を注ぐ佐藤さん。そんな3人のトークから、どんな物語が飛び出すことやら。湯けむりの向こうに、ただならぬ人生ドラマが見えてきた。

トーク出演
平成　松の湯　黒﨑宇伸さん（魚津市）１９６８年生まれ
立山鉱泉　中平昇吾さん（富山市）１９８８年生まれ
水橋温泉　ごくらくの湯　佐藤将貴さん（立山町）１９８２年生まれ
◇進行役　おゆ丸（ライター）／ゆっ子（編集者）

カメラを手にする黒﨑さん

湯けむりトークの会場は清掃点検中の「水橋温泉　ごくらくの湯」。まずは出演者を、おひとりずつ紹介しよう。

黒﨑さんは番台に座る日々を送りながら、カメラを手に、夜な夜な撮影へと繰り出している。ふるさとの風景を独自の視点でとらえ、インパクトのある美を世界に届けてきた。たとえば、舟川（朝日町）の桜並木の奥に天の川が浮かぶ夜景とか。いくつもの作品が、国際的なコンテストで高い評価を受けてきた。

二足のわらじを履く黒﨑さんは、昔はスキューバダイビングのインストラクターをしていた時期もあるという。実家の銭湯を継ぐまで、どんな人生を歩んできたのだろう。

「子どものころは、ずっとサラリーマンになりたかったんですよ。両親は忙しくて運動会にも来てもらえず、家族で旅行に行った記憶もなかったから。銭湯を継ぐのが嫌で、魚津を離れたんです。富山から逃げたかった」

いったんは大手企業に就職したが、スキューバダイビングのインストラクターに転じた。サイパンの美しい海に潜るうちにその魅力にとりつかれ、世界中の海を巡っては水中写真を撮るようになっていった。

「いずれは海外でダイビングショップを開くか、水中写真家になろうかと夢を描いていたのですが、父が突然亡くなって。30代半ばでしたね。バブルのころに建て直した銭湯の借金が利息しか払っていないことを知り、もう逃れられないと観念しました。ただ、心のどこかに、いつかは継がなければという思いもあったのかもしれません」

世界からふるさとへ

魚津に戻ってからは富山市のダイビングショップで働いて稼ぎ、父がやっていた保険代理店の仕事もした。夜帰宅してから遅くまで番台に座り、風呂掃除をするという日々。「それこそ三足のわらじでしたね」と振り返る。

さらなる転機となったのがバイクの事故だった。ダンプにひかれて脚に大けがをし、病院に長く入院することに。リハビリで近くを散策するとき、心のなぐさめになったのが写真だった。最初は「ガラケー」でお寺の写真などを撮り、ブログに上げてはバイク仲間に励まされて撮影に励むようになったという。それが今の活動につながっている。

お風呂の仕事を終えた夜。ファインダー越しに目に映るのは富山の身近な風景ばかりだが、「いつもとはまったく違う表情を見せてくれる瞬間があります。魚津に暮らしながら、世界

黒﨑さんの作品「春の舟川べり」

に通じる作品を撮るのは楽しいことです」。ふるさとに根づき、地域の人たちと交わる銭湯の仕事もまた、同じなのかもしれない。

奇跡の継承

「リハビリ訓練って言えば、僕は20代の前半から8年間、病院で働いていたんです」

じっと耳を傾けていた中平さんが語り始めた。作業療法士として、けがや病気をした人たちのリハビリに携わっていたのだという。

「病院からおうちに戻っていただくお手伝いをしていたわけですが、逆に地域の受け皿として、もっと身近な場所で健康に携わることができないかと思うようになりました。そんなことを考えるうちに、そう言えば『子どものころは銭湯が好きだったなあ』って思い出したんですね」

経営している「立山鉱泉」は富山市奥田北小学校のすぐ正面にある。中平さんはこの学校の卒業生だが、最初から地元の街で銭湯を開こうと考えていたわけではない。奇跡のようなめぐり合わせだった。

「銭湯に携わりたいと思ったとき、まず公衆浴場組合さんに相談したんです。すると、岩瀬にある萩の湯さんを紹介されました。病院でリハビリの仕事を続けながら、見習いとして萩の湯さんの仕事に携わるようになり、機械のメンテナンスから経営の知識までみっちり教わりました」

そして、組合から再び紹介されたのが立山鉱泉だった。

「前のご主人が膝の手術で入院することになり、『その間、地元の人のためにお風呂を開いておきたい。手伝ってくれないか』という話でした。ご主人は元気に退院した後、しばらくしてから引退されました。ずっと忙しい日々だったので、奥さんと一緒にゆっくりと過ごしたいと思われたのでしょう。そのまま僕が、銭湯を受け継ぐことになりました。学校の行き帰りにいつも目にしていたお風呂屋さんです。何か運命めいたものを感じましたね」

経営を引き継いだのは２０１９年、30代初めの転職だった。

中平さんは番台に座り、にこやかに入浴料金のやり取りをする。忙しそうだが、充実した表情。その誠実な言葉や仕事ぶりに、地元の立山鉱泉を大切に経営していこうという真っすぐな思いがにじみ出る。

細田アニメに感動

さて、最後のおひとりはトーク会場を提供してくださっ

立山鉱泉の番台に座る中平さん

た「水橋温泉　ごくらくの湯」の佐藤さん。これまでの二人とは違って富山県の生まれではなく、立山町に移り済んだIターン人材だ。さわやかな笑顔が印象的で、銭湯のご主人というより、地域を元気にするアイデアマン、それもかなりの知恵者のよう。

　神戸市出身。東京、埼玉で機械設備の技術営業として、メーカー企業の工場機械のメンテナンスに携わっていた。「僕は、妻にくっついて富山に来ただけの雑魚キャラなんですよ」と快活に笑う。陶芸家の奥さんが立山町の「地域おこし協力隊員」になったのをきっかけに、家族ぐるみで移住したそうだ。でも、どうして富山に？

「2012年に細田守監督のアニメ映画『おおかみこどもの雨と雪』が上映されましたよね。あの美しい田舎暮らしや大自然の舞台になった場所だということで、富山県を知っていました。それもあって移住を決断したんです」

　2014年に立山町に来てからも、6年間は機械設備の仕事をしていた。この地域の豊かさや里山の魅力に気付く一方、地域が過疎化していくことに心が痛んだ。

「妻が地域を元気にしようと、クラフトのイベントなどに挑戦する姿を見ていて触発されました。一度きりの人生、僕もやってみようと。よそ者だからこそ分かる里山の価値というものを、みんなに伝えたいと考えるようになったんです」

♨社長からの誘い

　腹をくくってからは「知恵者」の本領を発揮した。

　地元の前川建築に雇われ、古民家を再生したゲストハウス「埜の家」の支配人を任された。さらに社内起業で始めたのが「里山アドベンチャーツーリズム事業」。電動アシストで動くEマウンテンバイクに着目し、クラウドファンディングで自転車の購入資金を集め、登山道を自らの手で整えながら里山の冒険ツアーをスタートさせた。

　その次が銭湯の経営だった。2021年9月のことだ。

「ある日、うちの社長がドライブに誘ってくれたんです。どこに行くんですかと聞くと『銭湯だ』って言うんですよ。ごくらくの湯を買い取ってほしいと相談されていたらしく、『佐藤が一緒に経営に取り組んでくれるのなら銭湯を引き継ぐ』と。すぐに『はい』と返事しました。僕はお風呂が大好きで、

里山冒険ツアーに取り組む佐藤さん

富山に来てから上市の大岩不動の湯にずっと通い続けたくらいです。もともと機械設備の仕事をしていたからボイラーも分かるし、銭湯はぴったりの仕事でした。僕が支配人になってから、待ってましたとばかりに機械が壊れ始めて（笑）。以前の経験がすべて生きましたね。いろんなアクシデントがあって、鼻血が出るほど面白い毎日です」

♨ 銭湯の良さとは

おゆ丸「さて、そろそろ本題に入りましょうか。銭湯の魅力や良さって何でしょう」

黒﨑「お年寄りにとって、銭湯に通うために外に出ることは、それ自体が健康にいいし、人と会話することでコミュニケーションがとれます。社会の一員としての存在意義を確かめることができる。ところが、僕が風呂を継いだ20年前は魚津市内に15軒あった銭湯も、今ではたった3軒しかありません」

おゆ丸「後継者がいないとか、燃油の高騰もあって富山県全域でも銭湯が次々にお店を畳みました。味わい深いお風呂屋さんも多かったので、ほんとうに残念です」

黒﨑「一人暮らしのお年寄りにとって、自宅で風呂を掃除し、沸かして入るのは大変なことです。安全面の心配もあります。うちのお客さんでも、銭湯の休業日に自宅の風呂に入っていて亡くなった方がいらっしゃる。銭湯に来ていただけたら、周りの人たちが異変に気づいて教えてくれます。顔色が悪そうに見えたときに『ちょっと様子を見ていてあげて』と知らせてくれるお客さんもいます」

中平「ヒートショックは交通事故より多いと言われますが、自宅に一人でいてお亡くなりになるのは悲しいことです」

黒﨑「実は僕はこれまでに2回、心臓マッサージをしたことがあります。ご高齢になると、暑さの感覚がなくなるのか、真夏でもフリースを着てこられる人がいるほど。つい先日も、あまりにも長い時間お湯につかっていて、立ち上がれなくなったお客さんがいました。気づいて事なきを得ましたが、自宅だったら危なかったかもしれません」

中平「健康に関連してもう少しお話ししましょう。僕は作業療法士だったころ、生活動作のリハビリ訓練をしていました。例えば歩いたり、服を着たり、段差を昇ったり、それこそ、お風呂に入る練習のお手伝いもしました。でも、そもそも健康で、日々の習慣としてそういうことができていたならリハビリの必要はありません。家から歩いて銭湯にやってきて、服を脱いで風呂に入り、また元気におうちに帰っていただく。それだけでも健康が増進し、認知症の予防にもなります。病院やリハ室でやっていることを銭湯でやってもらえばいいやと思ったのが、僕

黒﨑宇伸さん（平成松の湯）

がこの仕事を始めた理由の一つでもあるわけです」

♨大きな物語描く

ゆっ子「銭湯は一人ではないので安心感がありますし、健康増進にも役立つということですね。話は変わりますが、みなさんは銭湯の魅力をアップさせるために、どんな取り組みをされていますか。佐藤さん、いかがでしょう」

佐藤「うちは50畳の休憩所があるのですが、有効に利用されていませんでした。2021年に銭湯を引き継いだ後、この広いスペースで何かイベントを仕掛けられないかと考えたんです。落語会を企画したり、地元水橋の歴史などを紹介するパネル展を開いたり、いろいろチャレンジしてみました。ごくらくの湯は地下1500メートルからくみ上げる天然温泉ですが、それだけに頼っていてはいけないと思ったんです。それと、立山町で里山や地域の未来のために活動している僕が、どうして水橋で銭湯なんだということを自問し、納得するためにも歴史を調べたかった。すると、それぞれの地域が白岩川を通じて人や物の流れでつながっていたということが分かり、大きなストーリーが描けたんです。里山の魅力を伝えるアドベンチャーツアーの取り組み、そして民泊事業、銭湯の経営。それらがゆったりと流れる白岩川に沿って、上流から下流へとつながる物語です」

ゆっ子「そういえば、浜黒崎キャンプ場とコラボレーションされたとか」

佐藤「天然温泉の湯を、浜に運んで『ドラム缶風呂』にするという企画です。お湯そのものを出張温泉のように、いろんな所へ持っていって紹介するのも面白いかなと。いろんな施設の事業をミックスしながら魅力を伝えていきたいと思っています。トライ&エラーです。何でもやってみて、駄目ならやめたらいい。お客さんに存分に楽しんでいただき、この地域と銭湯に『ぞっこん』になっていただけたらうれしいなあ」

♨喜ばれるお風呂に

おゆ丸「お風呂をあちこち取材してみて分かったことですが、みなさん、いろんな工夫をされています。『平成松の湯』は、高齢者を集めて健康体操もされているとか」

黒﨑「はい。木曜の午後に30分ほど、DVDを見ながらやっています。手首や足首におもりを付けて筋力を高める体操です。もともとは市の事業だったのを、今も継続しているんです」

佐藤「このあいだ松の湯さんを訪ねたら、たまたまその体操をしているのを見ました。とてもいいアイデアです。真似してみたら面白いかも」

おゆ丸「富山県の銭湯は、ど

佐藤将貴さん
（水橋温泉 ごくらくの湯）

中平昇吾さん（立山鉱泉）

こもお湯がきれいで浴場が充実しています。壁のタイル絵一つ見ても、富士山ならぬ『雨晴海岸から富山湾越しに眺める立山連峰』だったり『おとぎ話の世界』だったり。松の湯の浴場には、『劔岳の版画』を引き伸ばしたカッティングシートが貼られていますよね。富山らしくていいなと思います」

黒崎「お風呂の工夫はほかにもあります。うちは浴槽が三つあるので、お湯の温度を、熱い湯、中くらいの湯、ぬるい湯に分けているんです。魚津の漁師町は熱めのお風呂が好きな方が多いようですが、『熱いのは無理』という人もいます。逆にサウナの後に入る水風呂が『冷たすぎて苦手』という人も。お好みに合わせてゆっくり楽しんでほしい。それと入浴料に関しては、同じ魚津市内にある下田温泉さんや川城鉱泉さんと一緒に、大人1人につき子ども1人（小学生以下）を無料にするサービスにも取り組んでいます」

ゆっ子「中平さんは廃材を燃やして沸かしているんですよね」

中平「僕も最初は油を使っていたのですが、だんだん燃料代が上がってきて、これはいかん、と。仲良くなった材木屋さんから廃材をもらっています。夏と冬で違いますが、お客さんに心地よい温度で入浴を楽しんでいただくために、一定の時間にまきをくべています。廃材は小さいものから大きいものまでいろいろ使いますが、毎日、軽トラック1台分を燃やすので大変です」

♨ 発想広げて挑戦

おゆ丸「立山鉱泉の男湯には、釜のような形をしたホーロー材の水風呂があって、面白いなあと思いました。いろんなことに挑戦されているんですね」

中平「最初は自分の中の実験として、お湯をきれいに保って熱くし、浴場も清潔にしてさえいれば、ずっと営業を続けていくことができるのではないかと仮定してみました。しばらくそれだけでやってみると、ご高齢の方や常連さんは喜んでくださったのですが、新規のお客さんにはつながらなくて。SNSで情報発信してみたり、コロナ前はイベントを打ってメディアに取り上げていただいたりもしました。それでも、来てほしい若い層にはアピールしきれません。『自分が好きな銭湯』をつくるだけでは、うまくいかないのかもしれないと感じ、サウナ人気に乗じて

銭湯文化を次の世代へ。にこやかに語り合った（左から）中平さん、佐藤さん、黒崎さん

やってみたのが釜形の水風呂でした」

ゆっ子「中平さんは、落語会もされたとか」

中平「落語を聞いてもらうイベントのほかにも、地域の子どもたちを呼んでポン菓子づくりの体験会や餅つき大会を開いたり、浴室で演奏会を企画したこともあります。いま一緒に働いてくれている若い子二人も、そういうイベントをSNSや新聞で知り、面白そうだと感じて寄ってくれるようになったんです。そういう若いスタッフが、一時期テントサウナを試みたり、情報発信を手伝ってくれたりしました。自分一人では頭が回らないし、限りもありますから、結果としていろいろやってみて良かったと思います」

♨ 出会いと交流

ゆっ子「いろんな魅力と役割がある銭湯ですが、ずいぶん前から公衆浴場離れも指摘されています。みなさん、ご苦労なさっている様子ですが、世の中の人たちにどうアピールしたらよいのでしょう」

中平「お客さんは60～80代が中心です。その世代に気持ちのいい銭湯にするのはもちろんですが、若い世代やお子さんに遊びに来ていただけるようにしたいですね。うちは子どもが二人いますが、銭湯に連れて行くとものすごく喜んでくれます。習慣になれば、きっと楽しんでいただけるはずです」

黒﨑「若い人たちが銭湯に来るきっかけがなくなっていますね。コロナ以前は、近くの保育園で毎年夏に『お泊り保育』があって、初めての銭湯体験をするお子さんもいました。銭湯を知ったお子さんが、お父さんやお母さんに連れてってとねだるパターンもあったのですが、今はお泊り保育自体がなくなってしまって。さみしいですね」

佐藤「最近、全国の銭湯が閉まっていくニュースが多くて悲しくなりました。でも、銭湯は確実に一つのコミュニティーの役割を担っていると思います。いろんな出会いがあって、健康にも良く、ゆったりとリラックスするには最高の場所です。まだまだ見せ方次第で、銭湯に『ぞっこん』になっていただけると思いますね」

♨ 銭湯は楽しい

中平「そう。銭湯はいい場所なんですよ。実はものすごく忙しい時に、うちの子に番台に座らせたんです。すると番台から脱衣所の光景を見て『みんな、どうしてあんなに仲良しなの。すごく楽しそう』と言っていました。これが銭湯の素晴らしさなんだと、あらためて思いましたね。子どもの目から見ても魅力的なんです。初めて来た人には、お客さん同士で教え合ったり。そういうコミュニティーが銭湯にはあります。できるだけ多くの人に来ていただけたらうれしいですね」

黒﨑「今は銭湯に行く人と、まったく行かない人に分かれていると思います。銭湯に入った経験のない人は、そこが何か得体の知れない場所のように感じているのかもしれません。スーパー銭湯だとファミレスのような感覚で入れるんでしょうけど、地域密着の銭湯はなんだか怖いと思っているのかもしれません。ほんとうは楽しい場所なんです。それに、お子さんを連れたお母さんが来ると、隣のおばちゃんがお子さんの面倒を見てくれたりもする。気軽に足を運んでほしいですね」

おゆ丸「ぜんぜん怖いところじゃないよと」

黒﨑「そう言いながら、僕もよその銭湯が怖いんですが（笑）」

ゆっ子「話は尽きませんが、あたりはもう真っ暗になりました。この続きはまたの機会に。みなさん、楽しいお話をありがとうございました」

読み物❶

大きなお風呂の世界へようこそ!

あったかーいお湯につかっていると、全身の緊張がほぐれていく。銭湯や温泉のような大きなお風呂はなおさらだ。入浴は全身の汚れを落とすだけでなく、健康に良いばかりかストレス社会を生きるわれわれの、心の疲れも癒やしてくれる。

でも、それはどうしてなのだろう。裸で過ごしても誰にも叱られない現代のエデンの園。われわれを魅了してやまない銭湯、温泉。大きなお風呂のひみつを、これから探ってみよう。

癒やしの鍵はマイナスイオン

わたしたちは、なぜ銭湯や温泉に行くだけでリラックスできるのか。

その理由は、浴室の広い空間に満ちる**マイナスイオン**にあるようだ。人の快適度、疲労度、仕事能率に、良い影響を与えるというマイナスイオン。副交感神経を刺激しα波を増加させ、気持ちよくしてくれる。また血圧を下げたり、ナチュラルキラー細胞を減少させて免疫機能を上げたり、健康に良いことも分かっている。

では、銭湯や温泉のマイナスイオンは、他と比べ、どれくらい多いのだろう。

福岡大の測定によれば、温泉や銭湯の浴室のマイナスイオンは、空気1㎤あたり5～6000個以上をカウントした。これは滝壺周辺や池の近くに匹敵するそうだ。一方、自宅の浴室のマイナスイオンは800個程度。しかも、短時間で消滅するのだという。

銭湯や温泉は、天井が高く空間が広いため、マイナスイオンの発生時間と停滞時間が長くなる。そのうえ多くの人が湯船を出入りしたり、シャワーを浴びたりすることで、水が刺激を受け、マイナスイオンが多く発生するのだという。

お風呂の健康効果

入浴は健康にもいい。一般に入浴による**（1）温熱作用（2）浮力作用（3）静水圧作用**など三つの物理的作用が、健康増進に作用するとされる。また入浴の頻度が高い人ほど、要介護認定のリスクが、約3割少ないことも分かっている。

このなかで、いちばん大きな効果が期待できるのは「温熱作用」だ。お風呂で温浴することで体温を上げると**「血行促進効果」**が得られる。血液の循環が良くなると、その場所から老廃物が洗い流され、新陳代謝の活発化、鎮痛効果、疲労回復、きずなどの組織修復に有効なのだそうだ。

また**「免疫力増強効果」**も期待できる。入浴時の温熱が適度な刺激となり、免疫力や生体防御能力といった機能が高まる。それも組織修復力にも良い影響がある。循環改善により、痛み物質がその場所から除去され、痛みが和らいだり、関節の拘縮や痛みを和らげたり、筋肉の緊張が解け、神経痛、肩こり、腰痛を和らげたりもする。

ただし、お湯の温度には気をつけたい。湯温により効果が異なるからだ（次ページ表参照）。**42℃以上のお湯は、交感神経を活発に**し、血圧や脈拍が上昇するので心身が活動的になる。

逆に、**34℃～38℃のお湯では副交感神経が働き**、精神的な安らぎを得られるという。高齢者は40℃以下のぬるめのお湯が安全とされている。

大きなお風呂の効果と魅力

また入浴で得られる「浮力作用」も有効だ。全身が湯船につかったとき、浮力で体重は約10分の1になる。そのため、ふだん体重を支えている筋肉や関節を休ませることができ、体全体の緊張が解けたり、水中での運動が容易になったりする。

「静水圧作用」は、入浴時、全身に水圧がかかることで血管や心肺が刺激を受け、結構促進やむくみ改善に有効だ。

これら浮力や静水圧の作用は、自宅の小さな湯船よりも、**銭湯や温泉のように広くて深い湯船の方が、水がたっぷりあって水圧も高いので、効果が大きくなる。**

マイナスイオン効果の癒やし効果も含

入浴で得られるおもな健康効果

①温熱作用
からだの細胞が活性化する

② 浮力作用
筋肉や関節の負荷が減り、リラックス効果が得られる

③ 静水圧作用
血行の改善と、筋肉や関節の負荷が減り、リラックス効果が得られる

④ 清浄作用
洗浄により有害な物質から体を守る

このほかにも様々な効果があることが医学的にわかっています

め、大きなお風呂ならではの魅力だろう。

入浴事故を防ごう

入浴中に生じる事故は、銭湯などの公衆浴場や、温泉でも起こりうるが、実は、その大半が家庭の浴室で起きている。主な事故の種類は、「溺水」「転倒」「やけど」「熱中症」だ。

とくに冬期は、高齢者の溺水による死亡事故が増加しており、これは**ヒートショック**が関係しているという。ヒートショックの原因は、急激な温度変化により、血圧が上昇下降を繰り返し、血管や心臓に大きな負担となって脳卒中や心筋梗塞につながることだと考えられている。

10℃以上温度差のある場所の移動は危険とされており、ヒートショックを起こさないためには、①短時間でも**温度差のある場所を行き来しない**ことが重要だ。

さらに、血圧変動を避けるためには、②食後やアルコールを飲んだ後に入浴しない。③血圧の上昇する深夜や早朝の入浴はしない。④浴室に入るときは足からかけ湯をして温度に慣らす。⑤お湯は41℃以下、お湯につかる時間は10分以内にする。⑥浴槽の出入りには、かならず手すりにつかまる。⑦高齢者はお湯につかるとき浴槽のへりに手を掛ける、などの安全策を取ってほしい。

銭湯や温泉は、冬場でも脱衣場やトイレと浴場の温度差が少なく、常に誰かが見ているため、入浴事故が起きても救急対応がすぐできるので、家庭風呂と比べて死亡につながる割合が少ないという。

入浴事故を防ぐため、高齢者だけでなく一人暮らしの人にも、銭湯や温泉の利用を積極的におすすめしたい。

水温別の特徴と利用の仕方

冷水浴	25℃未満	高温浴と併用して温冷交互浴などに利用される
低温浴	25～34℃	運動浴や水泳で利用される
不感温度浴	35～36℃	熱くも冷たくも感じない温度。エネルギーの消費量がもっとも低く、脈拍・血圧・呼吸に影響を与えないので心疾患のある人でも心配なく入浴できる。長時間の入浴が可能。鎮静効果があり、高血圧、不眠症、リハビリテーションに有効
微温浴	37～39℃	鎮静的に働き、神経系の興奮を抑え、血圧も低下させる。胃液分泌が促進される。欧米人の好む温度。
温浴	40～41℃	血行を抑止、適度な発汗と皮膚の洗浄作用があり、浴後に爽快感がある
高温浴	42℃以上	熱めのお風呂。血圧が上昇し内臓の動きが弱まる。筋肉が緊張し、体は興奮状態に。気持ちをシャキッとしたいときに効果的。ヒートショックに注意

入浴で注意するべきリスク

溺水　転倒

やけど　熱中症

なかでも
死亡につながりやすい事故

ヒートショックによる溺水

サウナダイスキ!!

其の2

ととのいたいあなたに
サウナ推しの温浴施設 20

朝日町環境ふれあい施設 らくち～の

サウナあり

朝日岳を眺められる外気浴

フィットネスジム、温水プール、マッサージ、岩盤浴など、多くの施設が同居する、富山県最東部にある温浴施設「らくち～の」。「春の四重奏」で全国的にも有名になった「舟川べり」の直ぐ側にあり、朝日町、入善町を中心に多くの住民に親しまれている。

お風呂と温水プールは、近隣のごみ焼却施設の余熱を利用している。

春の四重奏で有名な、朝日町・舟川べりすぐ近くにある温浴施設らくちーの

お風呂は「縄文の湯」「ひすいの湯」に分かれ、半月に1度、女湯男湯の入れ替えを行っている。

内風呂は二つ、ジャグジー、露天風呂を用意している。フロントではタオルが無料で貸し出しされ、手ぶらでも気軽に利用できる。富山県内では珍しく、露天風呂にテレビを設置している。

サウナは約90℃。木の香りが漂うサウナで、熱々ながら心地よさも感じる。サウナマットはパーソナルサウナマットを採用し、他のお客さんと共有せず、衛生に配慮されている。

地元の憩いの場として親しまれている。

高温サウナは、男女とも 90℃

朝日岳を遠望できる露天風呂で外気浴

使用水 地下水 **湯温** 42℃
燃料 ゴミ焼却時の熱・灯油
設備 シャン リンス ボディ ドライ 鍵付ロ 綿 冷
バリアフリー 椅子 手すり スロープ
種類 大浴槽 露天 気泡 水風呂 岩盤浴 打（1日・16日で男女入替）

サウナあり **高温ドライ** 電気（男女各10人収容）
室温 男 100℃ 女 90℃
サ備 水風呂 TV
外気浴 椅子 ベンチ（立山連峰と舟川の桜並木を展望できます）

所 朝日町舟川新 35
☎ 0765-82-0990

営 開 10:00 閉 22:00 休 不定休 料 大 680円 小 440円 駐 150台 HP https://rakuchi-no.com/ 交 泊駅から車で6分
ひとこと 子どもから大人まで思い思いに楽しめます。

湯屋 FUROBAKKA

サウナあり

貸し切りも共用も充実のサウナ&外気浴スペース

道の駅KOKOくろべの近く「黒部の自然と共生する湯あそびテーマパーク」として2023年7月オープン。「黒部や」と呼ぶ共用の大浴場とサウナ、食堂&焚火エリア、別料金で予約が必要な家族風呂・貸切サウナなど四つのエリアからなる。なかでもサウナ施設は共用エリアに2種類、貸切・家族風呂には3種類と充実している。共用エリアの「あなぐらサウナ」は12人を収容し、ししおどしのオートロウリュが特徴的だ。また国産檜材の「やまごやサウナ」は15人を収容。檜の香りの中、セルフロウリュを楽しめる。水風呂は浴槽タイプに加え、黒部の地下水をくみ上げた水深90センチと160センチの土管タイプ。これら水風呂と露天風呂を配置する外気浴スペースは、開放感抜群だ。

家族風呂では座面の段差で温度の違いを楽しむ「サムライサウナ」、貸切エリアには広い室内が魅力の「コンテナサウナ」、樽のような形状の「バレルサウナ」を設置。

ゆとりのある外気浴の空間が、黒部の「湯あそび」を心地良いものにしている。

内湯の炭酸風呂では手足を伸ばしリラックスできる。隣接の露天スペースは露天風呂にサウナ2種類・水風呂・外気浴が楽しめる

檜の香りの「やまごやサウナ」

地下水を汲み上げる土管タイプの水風呂は深さが異なる2種類がある

使用水 地下水 **燃料** ボイラー 重油
湯温 男 女 41.5℃（炭酸泉 38.5℃）
設備 リン・シャン ボディ ドライ 冷
バリアフリー 椅子
種類 内湯 露天 炭酸泉 水風呂 家族
サウナあり（共用・貸切全15室）

薪ストーブ
室温 やまごや 85℃、あなぐら 75℃
貸切：バレル・コンテナ 80℃〜110℃
家族風呂：サムライ 80℃〜110℃
ロウリュ オート セルフ アウフ
サ備 水風呂
外気浴 椅子 ベンチ 他（リクライニング）

湯屋 FUROBAKKA
黒部市
あいの風とやま鉄道
・道の駅 KOKOくろべ
8
2
富山地方鉄道
黒部駅

営 開10:00 閉23:00 終22:00 **休** 不定休 **料** 黒部や：大850円〜小350円 土日祝 大950円〜小350円 **駐** 100台 HP https://furobakka.com/ **交** 黒部駅から車で5分 **ひとこと** 薪ストーブサウナと黒部の名水が自慢。

所 黒部市堀切951-1
☎ 0765-56-5026

満天の湯 魚津店

サウナあり

晴れた日は外気浴エリアから僧ヶ岳を一望

満天の湯魚津店のバラエティ豊かな内湯

魚津市西部にある人気の温浴施設。イオン化作用の強い薬石光明石を使用している。「押す」「揉む」「叩く」と三段階の刺激を味わえるマッサージ風呂、立山連峰の大パノラマを楽しめる露天風呂、青空や夜空を楽しめる寝転び湯、血行促進効果が大きい天然炭酸風呂とバラエティに富んだ風呂を用意している。男湯女湯は奇数日・偶数日で入れ替わる。

サウナファンも多く通う７段式のタワーサウナ

サウナは「高温タワーサウナ」の他、早月の湯には「週替りハーブミストサウナ」、立山の湯には「塩スチームサウナ」を用意する。高温タワーサウナは、遠赤外線で発汗作用を促し、身体の新陳代謝を高める。7段式の大型サウナで70～90℃の間で、お好みの温度でサウニングを堪能できる。

週替りハーブミストサウナは低温で、花やフルーツ、森の香りなどアロマテラピーを楽しめる。塩スチームサウナでは、体全身に塗った塩が毛穴に浸透し、ダイエット効果が期待できそうだ。熱々のサウナの後は、早月川伏流水を体感できる水風呂で身体をシャキッと冷やす。天気のいい日は僧ヶ岳を一望できる快適な「ととのいタイム」を堪能しよう。

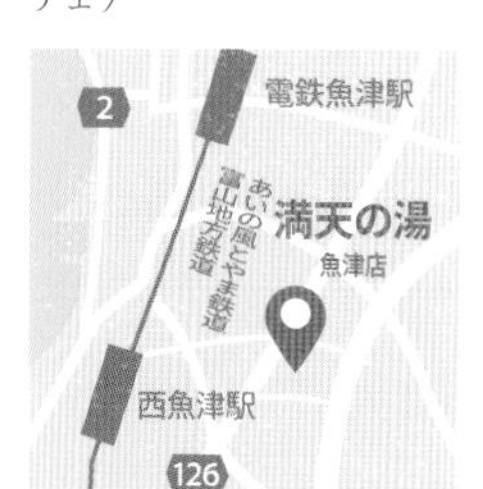
外気浴エリアのリクライニングチェア

使用水 地下水＋光明石による人工温泉
湯温 41℃（奇数・偶数日で男女入替）
燃料 ガス ボイラー
設備 シャン リンス ボディ 石鹸 鍵付ロ ドライ 綿 冷
バリアフリー 椅子 手すり スロープ
種類 大浴槽 露天 ジェット 炭酸泉 電気 水風呂 岩盤浴 薬湯 座 寝
サウナあり **高温ドライ** **室温** 男 女 90℃（30～40人収容） **スチーム** 42.5℃ **塩サウナ**（男女の入替あり） **ロウリュ** アウフ（6のつく日） **サ備** 水風呂（17.5℃ 4～7人） TV **外気浴** リクライニングチェアあり。僧ケ岳が一望できます。

所 魚津市住吉 535-1
☎ 0765-24-4126

営 開 8:00 閉 23:00 終 22:30 休 なし 料 大 780円 中 380円 小 100円 駐 230台 HP https://www.manten-yu.co.jp/uozu 交 電鉄魚津駅から車で６分 **ひとこと** 露天風呂の開放感をお楽しみください。

辻わくわくランド

サウナあり

キーンと冷える水風呂とサウナの温度差約90℃

早朝から深夜まで営業する魚津市の老舗のスーパー銭湯、辻わくわくランド

早朝6時台からオープンし、夜は23時まで営業している魚津市を代表するスーパー銭湯「辻わくわくランド」。千葉ロッテマリーンズの石川歩投手が紹介したことで、一躍有名になった。

魚津市民から長年親しまれているアットホームな老舗スーパー銭湯だが、入り口や脱衣所ではモニタを使って店内情報を案内する先進性も魅力だ。マスコットキャラクターの「わくにゃん」も可愛らしく案内している。

お風呂は熱め・温めと用意し、薬湯、日替わり湯、泡風呂、ジャグジーと豊富だ。中でも炭酸泉は名物として親しまれている。

サウナは100℃前後で熱々の高温サウナだ。ヒノキの香りが心地よく、大量の汗が噴き出る。テレビ、砂時計のほか、デジタル時計が設置され、視力の弱い利用者でも時間が分かりやすい。地下水の水風呂は水温が12℃前後を保ち、冷たさを誇る。初めは強烈でも次第に心地よくなってくるのは不思議。23年夏からは、予約制の完全貸し切りサウナ（ロウリュ可）もオープン。料金は別途だが、こちらも人気だそう。

サウナの設定温度は105℃とかなりの高温

キーンとととのう水風呂は通年12℃

使用水 井戸水
燃料 重油 ボイラー（ヒートポンプチラー）
湯温 42℃～43℃（季節により設定）
設備 鍵付ロ ドライ **バリアフリー** 手すり
種類 大浴槽 気泡 炭酸泉 超音波 水風呂（日替湯・木風呂）
サウナあり **高温ドライ** ストーン **室温** 男 105℃ 女 90℃ **サ備** 水風呂 TV
※このほか予約制の貸し切りサウナもあります。

営 開 6:00 閉 23:00（ただし9:30～12:00 清掃のため閉館）終 22:30 **休** 偶数月の第2火曜と翌水曜（8月は無休）**料** 大 500円 小 250円 3 150円（2歳以下無料）**駐** 60台 HP https://tuji-waku.com/ **交** 魚津駅から車で5分 **ひとこと** リーズナブルな金額で炭酸泉など8種類のお風呂が楽しめます。回数券利用がお得。

魚津市
富山地方鉄道・あいの風とやま鉄道
辻わくわくランド
314
8
新魚津駅
魚津駅

所 魚津市青島 63-1
☎ 0765-24-7447

滑川市民交流プラザ あいらぶ湯 サウナあり

富山湾と立山連峰の大パノラマ展望風呂

滑川市民交流プラザの5階にあり、山側・海側の展望風呂に分かれるあいらぶ湯（写真は海側）

滑川駅そばの「滑川市民交流プラザ」。子ども図書館やレストランを含む施設の5階に、温浴施設「あいらぶ湯」がある。

最大の魅力は立山連峰から富山湾まで一望できる大パノラマだ。風呂は「山側」「海側」に分かれ、日替わりで男女が入れ替わる。海側は開放感あふれる白をベースとし、山側はシックな黒をベースとする。快晴時には富山湾に沈む美しい夕日を望む。

内風呂は、水深333メートルから引き上げた海洋深層水原水を利用した「深層水風呂」をはじめに、寝湯、ジェットバス、ぬる湯、腰掛け湯、電気風呂などを楽しめる。サウナは2段式で山・海側ともに約7～8名が入室可能のドライサウナを用意し、海側にはミストサウナ、山側には塩サウナを設置している。ドライサウナは90℃、塩サウナは約70℃、ミストサウナは40℃と、好みや体調に合わせた温度で楽しめる。水風呂は20℃と冷たすぎず、長く入っていられる心地よい水温だ。水風呂の後は、露天風呂エリアでの外気浴をおすすめしたい。ベンチから眺める富山湾の景色は、他では味わえないととのいタイムを堪能できるだろう。

熱すぎないドライサウナ

山側にある塩サウナ

所 滑川市吾妻町426
滑川市民交流プラザ内

☎ 076-476-5500

使用水 水道水 深層水
燃料 エコキュート
湯温 男 女 41.5℃（奇数偶数日で男女入替）
設備 シャン リンス ボディ 鍵付ロ ドライ 綿 冷 バリアフリー 椅子 手すり

種類 深層水 露天 ジェット 電気 水風呂 寝 座（腰掛湯）
サウナあり 高温ドライ 電気 室温 男 女 90℃ 塩サウナ 70℃ ミスト 40℃（塩とミストは入替制） サ備 水風呂 TV

営 開 10:00 閉 22:00 終 21:30 休 水（祝日の場合は翌日）、年末年始 料 大 630円 小 310円 駐 180台 HP https://plaza.bunspo-namerikawa.jp/floor5 交 滑川駅から車で2分 ひとこと 地上22メートルから立山連峰や富山湾を見渡すことができる入浴施設 ※令和6年7月1日より入浴料変更予定

舟橋・立山天然温泉 湯めごこち

天然温泉
サウナあり

県内最大級の外気浴エリア

「日本一小さな村」舟橋村と、立山町をまたぐ一角に「舟橋・立山天然温泉　湯めごこち」がある。開業は2009年12月。以来、内湯、露天風呂、岩盤浴、お食事処「一休」、マッサージ、理髪店と村民の憩いの場として親しまれてきた。館内着・タオルは完備。手ぶらで楽しめる温浴施設だ。

地下1588メートルから毎分541リットルも湧き上がる湯は、大地の力を感じさせ、体の芯まで温まる。内風呂は気泡風呂付きの大浴槽はじめ各種の浴槽が充実する。木々の緑や岩が織りなす庭園が魅力の露天風呂の広さは県内屈指。日替わりの「楽しみ湯」はワイン、チョコレートリキュールなど、とてもユニークだ。

木の香り豊かなサウナルームは、85℃と比較的マイルドで無理のない温度。とはいえ少しすると大量の汗が噴き出る。毎日あるロウリュサービスも人気だ。女性サウナにはガラスの塀が設置されている。

ドライサウナから出たらシャワーを浴び、すぐ隣接した水風呂に入ることができる。フルフラットのチェアでくつろげば、気分はまるでアウトドアサウナだ。

湯めごこちの内風呂から庭園風の露天風呂をのぞむ。富山市からもアクセスが良く多くの利用者が訪れる

県内屈指の規模を誇る露天風呂

サウナストーンを積んだドライサウナ

使用水 地下水 天然温泉 療養泉 露天風呂に使用 源泉 ふなはし温泉1号泉 泉質 ナ-塩 泉温 33.5℃ 燃料 重油 湯温 41℃（冬場 42℃） 設備 シャン リンス ボディ 鍵付ロ ドライ クシ 綿 冷（タオル・バスタオル・館内着） バリアフリー 椅子 手すり スロープ 種類 大浴槽 露天 ジェット 水風呂 岩盤浴 黒湯 壺 サウナあり 高温ドライ ストーン 室温 男 女 85℃（30人収容。男子はikiサウナ） ロウリュ アウフ サ備 水風呂 TV 外気浴 自慢の日本庭園を展望 ベンチ（女子はリクライニングチェア、男子はリクライニングベッドあり）

147
富山地方鉄道立山線
舟橋・立山天然温泉
湯めごこち
6
稚子塚駅
←至 富立大橋・富山市
舟橋村

営 開 10:00 土日祝 9:00 閉 24:00 終 23:30 休 木（祝日の場合は営業） 料 大 1080円 小 430円 3 無料 岩盤浴 550円 駐 266台 HP https://yumegokochi.co.jp/ 交 寺田駅から車で5分 ひとこと 県内最大級の庭園露天風呂（天然温泉）をご堪能ください。

所 舟橋村古海老江 256-1
☎ 076-464-2600

スパ・アルプス

サウナあり

伏流水豊かなエリアに北陸サウナの聖地

数多くの芸能人、インフルエンサーなどが駆けつけ、サウナー（サウナ愛好家）の間では全国的な知名度が高い「聖地」として知られている。館内着はじめアメニティが充実しており、手ぶらでも安心して足を運べる。

浴場は洗い場、風呂、水風呂、外気浴エリア、ロッキーサウナとシンプルだ。名物のロッキーサウナでは、常に92℃に温度設定され、オートロウリュで湿度管理を行っている。名物のロウリュサービスも定期的に実施中（時間は要確認）。

浴場の約3分の1を占める大型の水風呂は、北アルプスのミネラルたっぷりの天然水を使用している。厳しい飲用検査に適合し、飲用許可を得られており、サウナ後の水分補給にはうってつけだ。

通年15～17℃に保たれた水風呂は、全国でも珍しい完全かけ流しのきれいな天然水を使用している。

女風呂は日本最大級の広さを誇る水風呂「青の洞窟」を用意している。

カプセルホテルやレストランも併設した「スパ・アルプス」のシンプルな大浴場

サウナストーンを積んだ名物のロッキーサウナ（男性サウナ）

女性用の水風呂「青の洞窟」

使用水 井戸水 **燃料** 重油 ボイラー
湯温 男 女 41℃ **設備** シャン リンス ボディ 鍵付ロ ドライ 綿 冷 他（タオル・バスタオル・館内着ほか完備）
バリアフリー 椅子 手すり **種類** 大浴槽 ジェット 気泡 超音波 電気 水風呂 打 サウナあり（男女各1室）
室温 90℃ **高温ドライ** 女 電気 男 遠赤 ストーン **サ備** TV 水風呂
ロウリュ オート（男性サウナのみ） アウフ
外気浴 椅子 日本庭園風の景観が楽しめます。

所 富山市山室292−1
☎ 076-491-5510

営 24時間営業 休 無休 料 大 3時間コース1400円～（会員1000円～）小 900円～ 駐 120台 HP http://sauna-alps.com/ 交 大泉駅から徒歩10分 **ひとこと** 館内飲食施設のおいしい食事も好評です。

満天の湯 富山店

サウナあり

不二越駅のとなりにタワーサウナ併設のスーパー銭湯

5種類の機能がある満天の湯のマッサージ風呂

浴場は「神通の湯」「黒部の湯」と分かれ、自然に存在する光明石を利用した天然温泉と、5種類のバラエティのあるマッサージ風呂、神通川の巨石を組み野趣に富む露天岩風呂、週替りの天然薬草風呂、血行促進効果が大きい天然炭酸風呂とバラエティに富む。奇数日・偶数日で、男湯女湯が入れ替わる。

サウナは、神通の湯には「週替りハーブミストサウナ」、黒部の湯には「塩スチームサウナ」を、「高温タワーサウナ」は両方の浴場に用意する。高温タワーサウナは7段式の大型サウナ。65℃〜85℃の間で、お好みの温度でサウニングを堪能できる。

週替りハーブミストサウナは、低温のミストサウナで、花、フルーツ、森の香りなどを揃え、アロマテラピー効果も期待できそう。塩スチームサウナでは、体全身に塗った塩が毛穴に浸透し、皮脂を体外に排出するほかダイエット効果も期待できそうだ。

サウナの後は、立山の伏流水を体感できる水風呂で身体をスキッと冷やし、広々とした外気浴エリアで、場所を気にすることなく「ととのいタイム」を満喫できる。

温度差を楽しめる7段の高温タワーサウナ

ハーブの香りがうれしい
低温ミストサウナ

使用水 地下水 光明石による人工温泉使用
燃料 ガス（温水ヒーター）
湯温 男 女 42℃（奇数偶数日で男女入替）
設備 シャン リンス ボディ 石鹸 鍵付ロ ドライ 綿 冷 バリアフリー スロープ 種類 大浴槽 露天 ジェット 気泡 炭酸泉 超音波 電気 水風呂 薬湯 寝 立 サウナあり 高温ドライ ストーン 室温 65℃〜85℃ スチーム 48℃ 塩サウナ 48℃（男女入替有） ロウリュ アウフ サ備 水風呂 TV
外気浴 椅子 ベンチ 黒部峡谷V字谷と神通川中流域のイメージでそれぞれ造園した日本庭園の趣を日替わりで楽しめます。

営 開 8:00 閉 24:00 終 23:00 休 なし 料 大 780円 中 380円 小 100円 駐 275台 HP https://www.manten-yu.co.jp/toyama
交 不二越駅横 ひとこと 上下段温度差 20℃のタワーサウナが自慢です。

所 富山市石金2丁目1-8
☎ 076-422-5526

Sauna Talo Toyama

サウナあり

セルフロウリュでお好きな温度に

「越のゆ富山店」が2021年12月、サウナスポット「Sauna Talo Toyama（サウナ・タロ・トヤマ）」としてリニューアルした。「Talo」はフィンランド語で「家」を意味し、建物は北欧の家をイメージしている。

浴場はリニューアル以前からの施設を今も使い、サウナを新調している。90℃のドライサウナに加えて、フィンランド式の「ピエニサウナ」を導入。サウナの本場、フィンランドにある小型のサウナで、セルフロウリュが可能だ。利用者みずから、サウナストーンに水を注ぎ蒸気を発生させ、好みの室温に設定することができる。蒸気が発生する「ジュワー」の音がたまらない。

フロントで販売するアロマ水をストーンに少し垂らせば、サウナルームに満ちるアロマの香りを楽しむこともできる。

水風呂は「越のゆ」時代からの地下水をいまも使い続ける。熱くなった身体を深さのある水風呂で冷やそう。外気浴ゾーンには椅子が、浴場には寝そべり用チェアが、それぞれ用意されている。飲食コーナーやワークスペースも充実しており、リラックスした特別な時間が過ごせそうだ。

Sauna Talo Toyama（サウナ・タロ・トヤマ）の浴槽。銭湯時代の設備を継承し、お風呂も楽しめる。

セルフロウリュができるピニエサウナ（上）と水質のよい水風呂（下）

使用水 地下水（全館「ナノ水」を使用）
燃料 灯油
湯温 41℃ 男 女
設備 シャン リンス ボディ 鍵付ロ ドライ 綿 冷 バリアフリー 手すり
種類 大浴槽 露天 気泡 電気 水風呂 寝
サウナあり 高温ドライ 電気 室温 男 女 90℃ 他 セルフロウリュができるピニエサウナ 70℃ ロウリュ セルフ サ備 水風呂
外気浴 椅子 他 リクライニングチェア

所 富山市粟島町1丁目2-35
☎ 076-444-0261

営 開 6:00 閉 0:00 終 23:30 休 不定休 料 大 830円 土日祝 930円 小 380円 3 100円 駐 60台 HP https://sauna-talo.jp/ 交 越中中島駅から徒歩9分 ひとこと セルフロウリュできるピニエサウナが自慢です。

58
富山市

天然温泉 剱の湯 御宿 野乃（のの）

天然温泉
サウナあり

高級感ただよう総曲輪のサウナスポット

中心市街地にある天然温泉「御宿 野乃」の日帰りサービス。野乃は全国に展開するドーミーインが、2016年ユウタウン総曲輪にオープンしたプレミアム和風ホテルだ。

内風呂、半露天風呂、岩風呂、檜（ヒノキ）風呂、打たせ湯がそろい、近隣のサラリーマンや学生、観光に訪れた宿泊客に喜ばれている。ヒーリング音楽が流れる浴場に、街のざわめき、信号機の音、露天風呂の音が混ざり合う「街中の天然温泉」だ。

多種多様な風呂で楽しめる御宿 野乃は剣の湯の天然温泉を使用

サウナはドライサウナ、ミストサウナを用意している。ドライサウナは2段で収容人数は6～7人。96℃の温度でもカラッとしていて熱すぎることはない。テレビを見ながらしっかり汗を流せる。ミストサウナは46℃の低温に設定。温泉で火照った身体に、ミストの相性が良い。サウナが苦手な人でも十分楽しむことができる。

サウナから出てすぐに15℃の水風呂が設置してある。知り尽くされた動線の良さも、「野乃」の魅力の一つだ。火照った身体を水風呂でスッキリさせて、半露天風呂エリアの外気浴でととのえる。充実したサウナタイムを満喫できるだろう。

蒸気たっぷりのミストサウナは、初心者でも利用しやすい低温設定

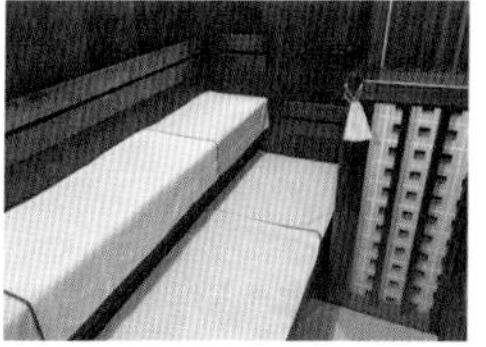
ドライサウナは高温でもカラッとしている

使用水 天然温泉 加温 ろ過機 療養泉
源泉 剣の湯
泉質 アル単 (低張性・低温泉)
泉温 30.9℃ 燃料 熱交換 湯温 男 女 41℃ 設備 シャン リンス ボディ 鍵付ロ ドライ クシ 綿 冷 他

バリアフリー 手すり 種類 大浴槽 露天 水風呂 打 (半露天・岩風呂・檜風呂)
サウナあり 高温ドライ 電気 室温 男 女 96℃ サ備 TV スチーム ミスト 室温 男 女 46℃ 外気浴 椅子 (特に景観はなし)

営 朝 6:00～9:00 終 8:00 昼 15:00～22:00 終 21:00 休 なし 料 大 朝 700円 昼 900円 小 500円 3 無料 駐 なし HP https://dormy-hotels.com/dormyinn/pamphlet/nono_toyama/ 交 大手モール駅から徒歩2分
ひとこと 日帰り用の駐車スペースはありません。ご注意ください。

所 富山市総曲輪3丁目9-2
☎ 076-421-5489

天然温泉 海王

天然温泉
サウナあり

泉質とサウナにこだわる個性派天然温泉

道の駅新湊「カモンパーク新湊」近くにある天然温泉「海王」は、2005年にオープン。電飾で飾られた外観は、夜は派手にライトアップされ、国道8号からも際立って目立つ。館内にはアニメキャラのフィギュアやお面、人形、レトロゲームや子供用のおもちゃが並び、縁日のように賑やかだ。23年にはサウナ施設を充実させ、泉質にこだわった大規模リニューアルをおこなった。

男性用のサウナエリアに設置されたサウナパーク。CUBERU サウナを導入し、ととのいスペースも充実させた

現在、海王の地下1200メートルから汲み上げる高張性のナトリウム－塩化物強塩泉は、無加温無加水の100％源泉掛け流しで、露天風呂で提供される。神経痛、冷え性、五十肩、慢性皮膚病に効果があるとされ、全国の温泉マニアが訪れる。

お風呂は男女とも、源泉そのままの露天風呂に、射水平野の伏流水を沸かした内湯、ナノ炭酸泉、水風呂が、サウナはフィンランドのストーンサウナ「iki サウナ」を屋内に設える。また男性専用に「サウナパーク」、女性専用に「泥パック風呂」を用意。泉質の良さはもとより、ファンを飽きさせない工夫で、話題性には事欠かない個性派温泉だ。

地下 1200 メートルから汲み上げた源泉そのままを使用

男女湯ともに iki サウナを用意した充実の海王

新湊南部中学校・
天然温泉 海王
472
射水市新湊博物館・
・レストラン Al Baraka
←高岡方面
鏡宮
8
射水市

所 射水市鏡宮361
☎ 0766-82-7777

使用水 天然温泉 療養泉 **源泉** 新湊温泉 **泉質** ナ-塩化物 **泉温** 42℃ **適応症** 本文参照 地下水 他（ナノ炭酸泉） **燃料** 重油 **湯温** 男 女 41℃ **設備** シャン リンス ボディ 鍵付ロ ドライ 冷 **バリアフリー** 手すり **種類** 大浴槽 露天 気泡 炭酸泉 水風呂 他（ジャグジー） サウナあり **高温ドライ** 男（CUBERU） **室温** 110℃ ストーン（iki） **室温** 100℃ / 女 ストーン（iki） **室温** 90℃ **ロウリュ** アウフ **サ備** TV 男 **外気浴** 椅子 ベンチ 水風呂

営 朝 5:00～8:59 **料** 750円（土日祝 780円）/ 通常 9:00～23:00 **料** 970円（土日祝 1,020円）/ 夜 23:00～25:00 ※サマータイムの場合 **料** 750円（土日祝 780円）いずれも小学生・幼児料金あり **休** 元旦・月 **駐** 70台 **HP** https://onsen-kaiou.jp/ **交** 小杉駅（射水市）から車で9分

ひとこと 濃い温泉です。

60 射水市

太閤山温泉 太閤の湯

天然温泉 サウナあり

露天風呂と外気浴の開放感にひたる天然温泉

射水市太閤山団地近くの高台にある。2011年にオープンして以来、県西部を中心に人気を博す。大浴場をはじめ、十割そばが提供されるお食事処、ヘアカットサロン、アカスリ、ボディケア、キッズスペースと多数の施設がある。また、かつて豊臣秀吉が富山の役で陣を張ったとされる太閤山をモチーフとし、男湯は「秀吉の湯」、女湯は「ねねの湯」の名が付く。

太閤の湯では、地下 1200 メートルから汲み上げる天然温泉を掛け流ししている

浴場には白湯（天然温泉）、高濃度人工炭酸泉、岩風呂、寝湯、泡風呂など多彩な風呂を設置。地下1200メートルから汲み上げた天然温泉は一切の加水をせず黄色く濁る。

サウナは男女ともにドライサウナ、男湯にはスチームサウナ、女湯には塩サウナが用意されている。ドライサウナは、熱すぎない95℃前後に設定され利用しやすい。定期的に水をサウナストーンに注ぐロウリュサービスは人気だ。水風呂は18℃前後と冷たすぎない設定だ。県内屈指の広さを誇る露天風呂エリアでは、多くのサウナーが開放感あふれる「ととのいタイム」を堪能している。宿泊施設も併設。

定期的にロウリュサービスがあるドライサウナ

開放感あふれる露天風呂と外気浴スペース

使用水 天然温泉 療養泉 循環 源泉 太閤山天然温泉・太閤の湯 泉質 ナ-塩化物 適応症 浴 きりきず 末梢循環障害 冷え症 皮膚乾燥症 一般的適応症 泉温 46.2℃ 湯温 男 女 41.5℃ 設備 シャン リンス ボディ 鍵付ロ ドライ 綿 冷 バリアフリー 椅子 手すり スロープ

種類 大浴槽 露天 気泡 炭酸泉 水風呂 寝 打 サウナあり 高温ドライ 遠赤 ストーン（イズネスサウナ） 室温 男 女 90℃ スチーム 男 60℃ 塩サウナ 女 70℃ ロウリュ オート サ備 水風呂 TV 外気浴 椅子 ベンチ

下条川
小杉駅
あいの風とやま鉄道
44
348
太閤山温泉
太閤の湯
射水市
348

営 開 10:00 閉 24:00 終 23:00 休 なし 料 大 1,000円 小 400円 2 無料 駐 200台 HP http://taikounoyu.jp/ 交 小杉駅（射水市）から車で4分 ひとこと 露天風呂のウッドデッキは広々とくつろげます。

所 射水市黒河5424

☎ 0766-56-2345

越乃庭（こしのにわ）

サウナあり

晴れた日は海上に立山連峰の絶景を望む

高岡・雨晴海岸や氷見・灘浦海岸などの景勝地を走るJR氷見線。この越中国分駅に隣接するスーパー銭湯が「越乃庭」だ。浴室の窓と露天風呂の向こうに、日本海が広がり、晴れた日には海上に連なる立山連峰を遠望できる。

天然のミネラル・メタケイ酸を多く含み、新陳代謝や保湿効果の高い地下水を使う内湯は、ややぬるめの41℃に湯温を設定。

立山乃湯ではミネラルイオン鉱石人工温泉を使用したお湯を使用

浴場は週毎に男女を入れ替え、人工ラジウムやイオン鉱石を使った薬湯を、それぞれ用意している。

サウナは2種類あり「立山乃湯」はボナサウナ、「雨晴乃湯」はストーンサウナを備え、不定期でロウリュのサービスもある。水風呂につかったら露天風呂コーナーで、水平線を眺めながらの外気浴を楽しもう。フランスのワイン樽を利用したという湯桶がユニークだ。別料金の「岩盤浴」は、遠赤外線、マイナスイオン、温泉ガスの相乗効果で、無理なく汗をかけると人気が高い。

越乃庭では午前5時半から朝風呂を開店しており、運が良ければ立山連峰のご来光が拝めるかもしれない。

ワインの熟成に使っていた「親子ワイン樽」の露天の壺湯

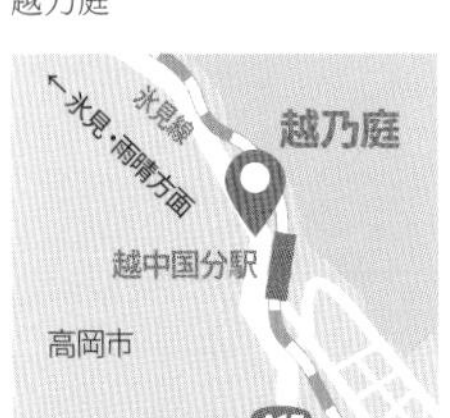
朝風呂がお得料金となっている越乃庭

所 高岡市伏木国分2丁目5-25
☎ 0766-44-7739

使用水 地下水（メタケイ酸） 燃料 まき 重油 湯温 男 女 41℃（毎週月曜に男女入替） 設備 シャン リンス ボディ 鍵付ロ ドライ バリアフリー 手すり 種類 大浴槽 露天 水風呂 岩盤浴 薬湯 座 寝

サウナあり 高温ドライ ボナ ストーン（男女入替制） 室温 男 女 90℃ ロウリュ オート サ備 水風呂 外気浴 椅子

営 朝 開 5:30 閉 8:00 通常 開 10:00 閉 22:00 終 21:30（日曜＝5:30～22:00） 休 なし 料 朝 大 650円 小 350円 ② 無料 通常 大 750円 小 350円 ② 無料（岩盤浴は、平日550円・土日祝700円） 駐 130台
HP http://www.koshinoniwa.co.jp 交 越中国分駅となり
ひとこと 国分浜越しの日の出・立山連峰・氷見線など景観が最高です。

陽だまりの湯

サウナあり

2種類のサウナで汗をかく高岡の人気店

多機能な浴槽をそろえる陽だまりの湯

高岡市にある「陽だまりの湯」。露天風呂、炭酸泉、岩盤浴、電気風呂、ジェットバス、リラクゼーション施設、食事処「ひだまり」など、多種多様の風呂や施設を取りそろえる高岡の人気店だ。

サウナは2種類あり、ドライサウナの「楽汗蒸炉」とミストサウナの「漢薬蒸炉」を用意している。「楽汗蒸炉」は遠赤外線が皮膚に浸透し、短時間でたくさんの汗を流すことができる。「漢薬蒸炉」は毎週変わる薬草の香りが蒸気で拡散され、リラックスできる低温蒸気サウナだ。時間をかけてゆっくりとたくさんの汗をかくことができるので、暑苦しいサウナが苦手な人でも満足できるだろう。

毎日、岩盤ロウリュ、サウナロウリュを行なっている。マイナスイオンを含む蒸気が新陳代謝を促進させ、リラックス効果や免疫力アップに効果があるという。

露天風呂エリアは広く用意され、椅子やサウナチェアでゆっくり休める。大型テレビを見ながら、くつろぐことも可能。遅い時間まで営業しており、残業で疲れた体を癒やす、強い味方になってくれそうだ。

サウナではロウリュとアウフグースサービスがある

露天風呂エリアでゆったり外気浴

使用水 地下水 **燃料** ボイラー **湯温** 男 女 42℃ **設備** シャン リンス ボディ 鍵付ロ ドライ 綿 冷
バリアフリー 手すり スロープ **種類** 大浴槽 露天 気泡 ジェット 炭酸泉 電気 水風呂 岩盤浴 (11:30/14:00/18:00/20:00 にロウリュ有) 座 寝

サウナあり **高温ドライ** 遠赤 ストーン **室温** 男 女 90℃～95℃ **スチーム室温** 男 女 42℃ **ロウリュ** アウフ 男 13:00・19:00・21:00、女 水土日祝のみ13:00・19:00・21:00(月火木金はアイスロウリュ) **サ備** TV 水風呂 外気浴 椅子 ベンチ 他(リクライニングチェア)

営 開10:00 閉25:00 終24:00 休 無休 料 大 平日:800円/土日祝:950円(岩盤浴は別途680円) 小 360円(平日・土日祝) 駐 250台 HP https://hidamarinoyu.com/ 交 旭ヶ丘駅から徒歩2分 **ひとこと** サウナ、岩盤浴のロウリュが自慢です。

所 高岡市江尻478
☎ 0766-27-8800

かたかごの湯

サウナあり

落ち着きのある空間に多機能風呂とサウナが人気

健康増進効果が期待できる多彩な機能風呂を備えた内湯

高岡市野村にあるスーパー銭湯。「万葉集」で高岡を舞台に詠まれたカタクリの花（堅香子・かたかご）を店名にする。商業地に立地しながらも、店内はどこか郷愁を感じさせる落ち着いた空間となっている。

軟水を使った風呂の種類は多彩で、内湯には、大浴槽と併せて電気風呂、高温風呂のほか、ジェットバスをはじめとする多機能風呂がパテーションごとに設置されている。洗い場近くには、お湯が背中を流れる座湯や水風呂がある。露天風呂としては炭酸泉、壺湯、人工温泉。とくに人工温泉は季節替りで全国の著名な温泉を独自の設備で再現するなど、風呂好きの遊び心をくすぐられる設備が並ぶ。

圧巻は、男女ともに備えられたタワーサウナだ。階段式ベンチが5段重なり、上の段ほど室温が高くなるため、好みの温度を選ぶことができる。サウナ、露天、脱衣場スペースにはテレビが用意され、掘り炬燵方式の畳敷きの休憩エリアや、ゴロ寝のできる小部屋、食事処「まんよう」もある。別途料金であかすり、マッサージサービスも。誰もが寛いだ気分で「風呂活」できそうだ。

階段式のタワーサウナでしっかり汗をかける

高岡市野村にあるかたかごの湯

使用水 井戸水（軟水） 燃料 ガス ボイラー
湯温 男 女 39℃～42℃
設備 シャン リンス ボディ 鍵付ロ ドライ 冷 他
バリアフリー 椅子 手すり スロープ

種類 大浴槽 露天 ジェット 気泡 炭酸泉 電気 水風呂 人工温泉 座 壺 サウナあり 高温ドライ ガス 室温 男 女 90℃～100℃ サ備 水風呂 TV
外気浴 椅子

所 高岡市野村1353-1
☎ 0766-23-7773

営 開9:00 閉翌日1:00 終翌日0:30 休 無休 料 大600円 小270円 3 100円 駐 完備 HP https://www.katakagonoyu.com/ 交 高岡駅から車で12分 ひとこと 清潔で親しみやすいスーパー銭湯です。

天然温泉 風の森

天然温泉
サウナあり

2019年開業のモダンなお湯スポット

三井アウトレットパーク北陸小矢部近くに開業して以来、県内外のサウナファンが親しむ「天然温泉風の森」。小矢部の自然が生んだ純度の高い天然温泉と、モダンな雰囲気が漂う浴場や店内施設は、落ち着きと癒やしをもたらしてくれる。

施設は大浴場、家族風呂、岩盤浴、お食事処、リラクゼーションと多数の施設を備える。女性専用の岩盤浴スペースや休憩所など、女性利用者への配慮も十分だ。

大浴場は、陶器風呂、高濃度炭酸泉、立ち湯、変わり湯、ジェットバスなど多種多様のお風呂を用意。ライトアップの演出による幻想的な雰囲気も魅力だ。

ガラス張りで開放感あふれるサウナは、90℃前後。5段式のタワーは席の高さにより好みの温度を選ぶことができる。1時間に1度、オートロウリュが作動し、アロマ水がストーンに注がれると、香り漂う極上のロウリュを楽しめる。水風呂は15℃前後に設定され、水の中もライトアップ。外気浴ゾーンにはサウナチェアが用意されており、小矢部の自然を眺めながら「ととのいタイム」を堪能できる。

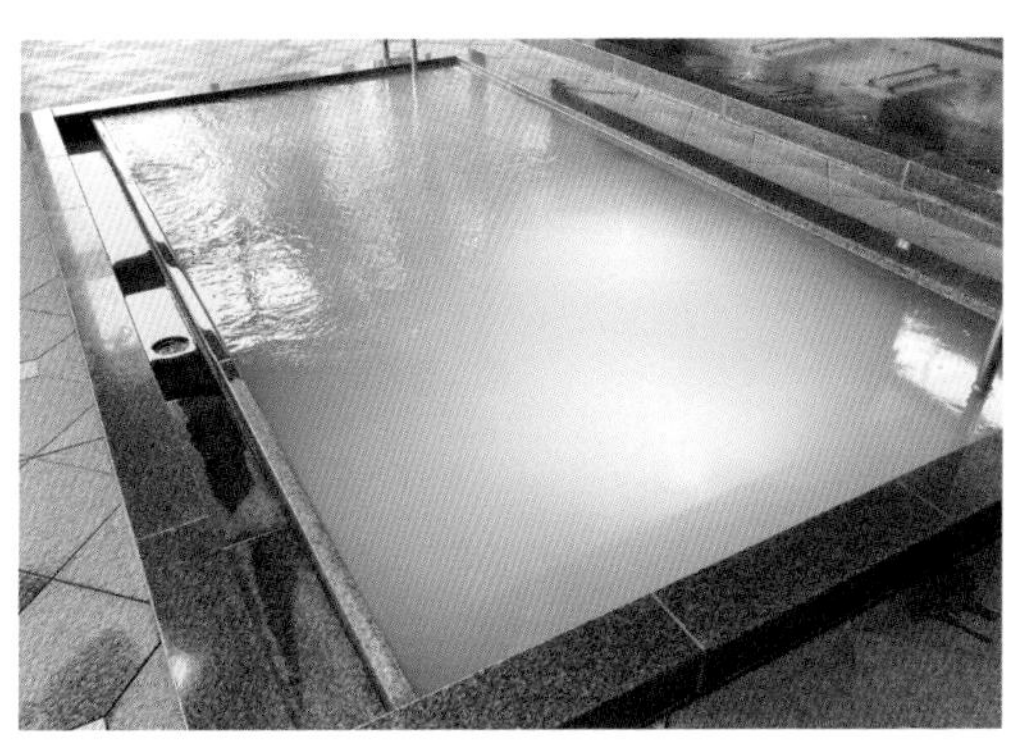
ライトアップされた内湯

1時間に1度オートロウリュが作動するサウナ

水風呂・チェアが充実の外気浴ゾーン

使用水 天然温泉 加温 循環 ろ過 地下水
源泉 小矢部温泉 泉質 単純
泉温 27.1℃ 適応症 浴 一般的適応症
自律神経不安定症　不眠症　うつ状態
燃料 ガス 湯温 男 女 40℃
設備 シャン リンス ボディ 鍵付ロ
ドライ クシ 綿 冷 他

バリアフリー 手すり 種類 大浴槽
露天 ジェット 気泡 炭酸泉 水風呂
岩盤浴 立 他（替わり湯・アイテム風呂・貸切風呂等）サウナあり 高温ドライ
室温 男 女 90℃ ロウリュ オート
サ備 水風呂 外気浴 椅子

小矢部市
32
天然温泉 風の森
子撫川
小矢部川
←金沢方面
・三井アウトレットパーク 小矢部店
32
8

営 開10:00 閉23:00 終22:30 休 無休 料 大850円 小450円（乳幼児150円） 駐 126台 HP http://www.tennenonsen-kazenomori.com/ 交 石動駅から車で7分 ひとこと 半露天の炭酸風呂がお勧めです

所 小矢部市西中野 1086-1
☎ 0766-92-2626

37BASE

天然温泉
サウナあり

3世代が7つのコンセプトで楽しむ新鋭の温浴施設

フィンランド式サウナを設備し100℃に設定。全天候型の外気浴エリアにはリクライニングチェアを男女各6脚用意。水風呂は地下水を利用

２０２３年12月に南砺市井波エリアに新たな温浴施設が登場した。地元の解体業・産廃業を営む昭信機工が「支えてくれた地元に恩返しをしたい」と始めたものだ。店名の「37BASE」は、3世代が七つの施設（温泉、炭酸浴、サウナ、岩盤浴、レストラン、酸素カプセル、休憩ラウンジ）で楽しむ基地（ベース）という意味だ。ボイラーの燃料は解体工事の木材を利用した木質チップを使用。並行して環境に配慮した太陽光発電も行っている。

サウナは、約１００℃に設定された高温サウナで７～８人収容可能。モダンなジャズが流れる大人の空間となっており、サウナに集中しやすい。水風呂は18℃に設定され、冷たすぎず、心地よく身体を冷やせる。

外気浴エリアにはサウナチェアを6台用意。足を伸ばして「ととのいタイム」を満喫できる。全天候型で屋根があるため、日差しが強い日も雨風がある日もリラックスして外気浴ができる。

外観から内装まで全体が黒を貴重としたスタイリッシュなデザインだ。コンテナサウナ、バレルサウナ、水風呂も拡張予定。

内風呂は庄川清流温泉、炭酸泉

黒に統一されたシックな建物

使用水 天然温泉 療養泉 循環 地下水 水道水 **源泉** 庄川清流温泉
泉質 含鉄・ナ-塩化物・炭酸水素塩 **泉温** 22.3℃
適応症 **浴** 一般的適応症
燃料 木屑 **湯温** 男 女 41.5℃
設備 シャン リンス ボディ 鍵付ロ ドライ 綿 冷 **バリアフリー** スロープ

種類 内湯 気泡 炭酸泉 水風呂 岩盤浴・酸素カプセル
サウナあり **高温ドライ** 電気
室温 男 99.9℃ 女 97℃
ロウリュ ゲリラ **サ備** 水風呂
外気浴 他（リクラインイングチェア）

所 南砺市岩屋16−1
☎ 0763-82-5570

営 開 9:00 閉 23:00 終 22:30 **休** 元旦のみ **料** 大 700円 土日祝 800円 小 400円 3 無料（岩盤浴・酸素カプセルは別途）**駐** 68台 HP https://37base.jp/ **交** 福野駅から車で7分 **ひとこと** 7つの施設を楽しんでください。

川合田温泉/川合田温泉サウナ部

天然温泉
サウナあり

山道沿いに鎮座する 医王山麓サウナの聖地

医王山の清涼な空気感を味わえる居心地のよい風呂場

本館は、1847(弘化4)年に開湯した歴史のある宿。川魚と山菜が名物の温泉宿として知られているが、日帰り湯も可能である。医王山の地下の源泉から湧き出るナトリウム・塩化物泉は、温めた体の熱を逃がさず保温する性質があり、神経痛、関節痛、筋肉痛、冷え性、疲労回復などに効果があるとされる。

この川合田温泉に、別館で「サウナ部」が常設されている。3人が使える洗い場とお風呂、水風呂、収容人数6人の小さいサウナでシンプルに構成されている。名前の通りサウナ利用に特化しており、使用料別途で880円。「サウナ部」の名称に惹かれ、部活のノリで「入部」を求めて川合田温泉に訪れるファンも多い。

サウナストーブは、本場フィンランド製の「メトス」を使用。室温は100℃に設定されており、心地よい汗を流すことができる。水風呂は霊泉と伝わる桑山不動尊の湧水を使用し、季節によっては水温10℃とキンキンに冷たいことも。だがこれも、山麓ならではの自然の醍醐味を味わう楽しさだろう。

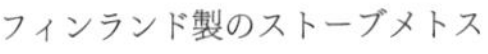
フィンランド製のストーブメトス

温泉旅館に隣接する「サウナ部」

使用水 天然温泉 療養泉 掛け流し 循環 加温 源泉 川合田温泉
泉質 ナ-塩 泉温 16℃ 適応症 浴 きりきず 末梢循環障害 冷え症 一般的適応症 燃料 ボイラー 湯温 男 女 41℃
設備 シャン リンス ボディ 石鹸 鍵付ロ ドライ 綿 種類 内湯 気泡 サウナあり (サウナ部) 高温ドライ ストーン 室温 100℃ 水風呂

営 開8:00 閉22:30 終21:45 休1月1日・2日 料 温泉内湯 大550円 小200円/サウナ部 大880円 駐20台 HP https://www.kawaidaonsen.jp/ 交JR福光駅から車で7分 ひとこと 山菜と川魚料理が自慢の温泉宿。日帰り入湯・サウナも受け入れています。

所 南砺市川西川合田1535
☎ 0763-52-2823

南砺市井口村体験交流センター ゆ〜ゆうランド・花椿

天然温泉 サウナあり

珍しいボナサームとアウフグースサウナを

ツバキの花でまちづくりをする南砺市井口。赤祖父川をせきとめた人工湖、赤祖父池は、ヘラブナ釣りのスポットとして知られる。ミニゴルフ場やバーベキュー施設を備えた湖畔の公園近くに、温かな湯をたたえる「ゆ〜ゆうランド・花椿」がある。

サウナは全国に3箇所しかないという「ボナサーム&アウフグースサウナ」を導入。サウナストーブが座席の下に設置されており、特殊な方法で発せられた蒸気は、常に居心地がよい空間を作り出している。

テレビは設置されていないが、室内に懐かしの歌謡曲が流れる。サウナ専用のアロマ水を導入し、ラベンダー、ミント、オレンジなど、季節ごとに香りが変わる。ハーブの香りが心地よく身体を癒やす。

水風呂は14℃。露天風呂付きの外気浴エリアは、赤祖父湖周辺の澄み切った空気で身体はととのう。

冬から春にかけては中庭のツバキを、秋には紅葉を楽しめ、食堂や休憩室が広々としているのも人気の理由だ。約110種のツバキを植栽する、いのくち椿館も近い。

座席の下にストーブがあるボナサーム&アウフグースサウナ

湖畔の澄んだ空気がうれしい外気浴エリア

南砺市
ゆ〜ゆうランド・花椿
赤祖父円筒文水槽・
294
284
赤祖父池
井口
←城端駅・城端市街方面

使用水 天然温泉
源泉 椿温泉 泉質 単純鉄冷鉱泉
泉温 19.1℃ 適応症 浴 一般的適応症
燃料 灯油 ペレット 湯温 男 女 41℃
設備 シャン リンス ボディ 石鹸 鍵付ロ ドライ バリアフリー 手すり
種類 大浴槽 露天 気泡 水風呂

サウナあり 高温ドライ ボナ 室温 男 女 93℃ ロウリュ アウフ 他（職員が1時間おきにサウナ専用の芳香剤を入れるアロマテラピー効果あり） サ備 水風呂 TV
外気浴 ベンチ 南砺の山並みを背景とする日本庭園を眺めることができます。

所 南砺市井口 字持掛谷 35
☎ 0763-64-2288

営 開 10:00 閉 21:00 終 20:30 休 水曜（祝日の場合は翌日） 料 大 600円 小 300円（中学生も） 駐 80台 HP https://yu-yuuland.com/guide.html 交 福野駅から車で15分 ひとこと サウナが自慢です。

68
南砺市

南砺市 平ふれあい温泉センター ゆ〜楽

天然温泉 サウナあり

絶景庄川の渓谷美を見下ろし外気浴を楽しむ

砺波ICから国道156号を五箇山方面へ向かって約40分。大渡橋（おおわたりばし）を渡って間もなく平ふれあい温泉センター「ゆ〜楽」がある。

見晴らしの良い浴場には内湯、露天風呂、サウナ、水風呂を用意。庄川峡の地下1300メートルから湧き出るカルシウム・ナトリウム−硫酸塩泉は、汲み上げ時41℃の源泉を100%、加温循環しながら使用。優しい肌触りが特徴的だ。

源泉から湧き出る泉質のファンも多い五箇山のゆ〜楽

サウナは100℃を超える高温サウナで、収容人数は約7人と小さいながら、身体を一気に熱くさせる。水風呂は水道水を使用しているため、季節によって水温が変化する。

露天風呂エリアでの外気浴は庄川の流れを見ながらゆったりと心身をととのえられる。サウナルームの窓からも、四季によって彩りが変わる庄川峡の絶景を堪能できる。

シンプルな設計だが、開放感あふれる空間は、特大の幸福感をもたらすだろう。

食堂ひょうたんでは五箇山ならではの岩魚料理が楽しめ、カツ丼もおすすめ。

小さいながら、
いっきに温まる高温サウナ

ゆ〜楽の露天から眺める絶景

使用水 天然温泉 療養泉 加温 循環
源泉 新五箇山温泉
泉質 カ・ナ-硫 泉温 41℃ 適応症
湯温 男 女 露天 42℃／内湯 41℃
設備 シャン リンス ボディ 鍵付ロ ドライ 綿 バリアフリー 手すり スロープ

種類 大浴槽 露天 ジェット 気泡 サウナあり 高温ドライ 電気 室温 男 95℃〜110℃ 女 90℃〜100℃
サ備 水風呂 外気浴 露天風呂と共有 椅子

祖山ダム方面↑
平ふれあい温泉センター ゆ〜楽
156
大渡橋
南砺市
庄川
・道の駅たいら 五箇山 和紙の里

営 開 10:00 閉 21:00 終 20:30 休 木曜（祝日の前は前日）・年末年始
料 大 620円 小 310円 ⑤無料 駐 70台 HP https://www.instagram.com/yuraku_gokayama/ 交 自家用車推奨 ひとこと 露天風呂・サウナ・ごろ寝処からのダム湖の景色が見事です。

所 南砺市大崩島96−2
☎ 0763-66-2005

読み物❷

「ととのう」って何ですか？これから始めるサウナの作法

浴場の片隅の小さなドア。ずっと気にはなっているけど、サウナルームに入るのは少しためらってしまう。「ととのう」って、どんな状態をいうのか。ためしたことはあるけど、サウナの効果がよく分からないし、いまさら人に聞くことはできない。そんな「まだサウナはちょっと……」という人に向けて、ここではサウナの種類や、入浴方法、健康効果をざっくりと紹介する。ぜひ自分に合った、サウナの楽しみ方を見つけてほしい。

流行語大賞と第3次ブーム

近年、国内でサウナブームが再燃した。富山県内でもすでにあった施設に加え、完全個室のラグジュアリータイプから、カジュアルなサウナまで、複数の施設が新築、増築されている。

漫画「サ道」のテレビドラマ化（2019年）がきっかけとなり、「サウナ入浴後に、心身ともに調子が良くなること」が「ととのう」と表現され、2021年の流行語大賞にノミネートされた。同年、サウナ利用者（年1回以上）は1500万人を超えたという（日本サウナ総研調べ）。

日本のサウナブームの波は過去数回あった。国内初登場は1957年。東京・銀座の娯楽施設「東京温泉」に作られた。さらに1964年、東京オリンピックの際にフィンランド選手団が選手村にサウナ施設を持ち込み、第1次サウナブームとなった。続いて健康センターやスーパー銭湯の開業が相次いだ90年代の第2次サウナブーム。そして近年、2021年からの第

3次ブームだ。いまは熱狂的な盛り上がりは、やや落ち着いたように見える。

サウナのタイプと効能

サウナは、サウナルームの材質、熱源、温度・湿度、その他によって分類される。(下の表参照)

日本で代表的なのは「**乾式高温サウナ**」だ。入り方は、5分から10分以内の短時間のサウナ入浴のあと、いったん体を冷まし、水分補給をする。さらにこれを1セットとして、2~3回繰り返す。

最近人気が高まっているのは、サウナストーブの上にサウナストーン(石)を積み上げ、熱したストーンに水を掛けたり(**=ロウリュ**)、発生した蒸気や熱波を、タオルやうちわで送ったり(**=アウフグース**)もできる「**フィンランド式サウナ**」だ。

サウナの種類によって、入浴時間は増減する。室温が低くなるほど入浴時間を伸ばすことができる。

サウナに入浴すると、血管の拡張と収縮が起こり、汗腺が開き皮膚を清潔にするほか、**筋肉や関節をやわらげ、血管の弾力性も高まる**そうだ。

またサウナ入浴は、ノンレム睡眠と呼ばれる深い睡眠を促進させ、これは**脳疲労回復や、認知症リスクの低下**の効果が期待できるという。

ただし危険もある。**高血圧・心臓疾患・悪性腫瘍・発熱性や、そのほかの疾患を持つ人**、また**妊娠中やけが**をしている人は、症状が悪化することがあるので**利用は避けたほうがよい。飲酒後や食事の直前直後の使用もNG**だ。

また、サウナで**脱水状態になると、**腎臓に負担

おもなサウナの種類

名称(呼び方)	熱源	室温	湿度	その他の特徴
乾式高温サウナ	電気・薪ストーブ	90～110℃	5～10%	リフレッシュ効果が高いが、高温低湿のため息苦しさを感じることも
遠赤外線サウナ	赤外線放射器(ガス・電気・薪)	50～70℃	30～50%	湿度があるため過ごしやすいサウナ。反面リフレッシュ感が少ない
フィンランド式サウナ	電気・薪ストーブなどと、上に載せ熱せられたサウナストーン	80～90℃	30%前後	サウナストーンにロウリュ(水掛け)することで湿度を調節する。アウフグース(熱くなった蒸気を風で送る)をしてリフレッシュ感を得るときも。iki サウナ、ロッキーサウナもこの仲間
ボナサウナ	指定なし	60～90℃	指定なし	熱源がベンチや壁に格納されている乾式サウナ。
カルストーンサウナ	指定なし	60～90℃	指定なし	ボナサウナの一種で床や壁に石を焼成した骨材(カルストーン)が使われいる。富山県内の銭湯に多いというウワサも
スチームサウナ	電気・ガスほか	40～60℃	80～100%	低温サウナ。蒸気が足下から昇る
ミストサウナ	電気・ガスほか	40～60℃	80～100%	低温サウナ。霧が上から充満する

そのほかのサウナ:「塩サウナ」スチームやミストサウナの時に塩を肌にのせたり塗ったりするタイプ。「バレルサウナ」樽型の部屋の中でストーブを焚くタイプ。「テントサウナ」野外などにテントを張り、その中でストーブを焚くタイプ。

をかけたり、血液を凝縮させたりし、痛風、脳梗塞、尿管結石などの**リスクが高まる**という。そのため中高年以上の利用者は、60℃前後の低温サウナや、湿式サウナを利用して、体への負担を軽くするか、常時水分を補給して、脱水状態にならないように注意したい。

「ととのい」と「ヒートショック」

サウナファンが求める「ととのう」とは、どのような状態なのだろう。

「ととのい」とは、サウナ浴と冷水浴を交互に繰り返す**「サウナの温冷交代浴」**をおこなったのち、2～3分の短い時間に得られる非常に深いリラックス感を指す。

医学的に「ととのい」は、強い交感神経の刺激の後にくる副交感神経の高まりだと考えられており、専門家によれば、急激で強烈な刺激であるため、若者やアスリート並みに体力のある人に向く疲労回復法だという。

体力が中程度以下の人や中高年には、むしろ**「浴槽での温冷交代浴」**が向いているそうだ。おだやかではあるが、持続性のあるリラックス感が得られ、疲労回復法としては十分だという。

さて、いずれの「温冷交代浴」でも**気をつけたいのが水風呂の入り方**だ。

キンキンに冷えた水風呂を好む愛好者も少なくはないが、いきなり冷水につかると血管は急激に収縮し、**脳卒中や心筋梗塞、時に命にかかわる不整脈**を起こす、いわゆる「ヒートショック」になることも。

とくに富山では、冬場の水道水はかなり温度が下がっているので気を付けたい。

寒い日には水温を調節できるシャワーの利用に替えても効果があるという。

脱衣所からいきなりサウナルームへ向かわずに、まずはシャワーを浴びて、湯船で2～3分入浴し、少しずつ体を温熱環境に慣らしてからサウナに入ってほしい。

入室してからも、最初のうちは温度の低い下の段で体を慣らし、徐々に温度の高い上の段へ移動するのがいいだろう。

安全で楽しいサウナライフを満喫しよう。

富山で「サウナの聖地」とも呼ばれるスパ・アルプス（富山市）のロッキーサウナ。ふんだんにサウナストーンが積み上げられている

湯屋 FROBAKKA（黒部市）の樽型のバレルサウナ。本場フィンランドの伝統的な形式で４人前後を収容する

日帰りお気楽温泉

其の3

小川温泉元湯 ホテルおがわ

天然温泉

文化人にも愛された小川上流の温泉宿

朝日町を流れる小川の上流にわく温泉だ。開湯から400年余りの歴史を刻み、泉鏡花の小説「湯女の魂」の舞台にもなった。「誠や温泉の美しさ、肌、骨までも透き通り、そよそよと風が身に染みる」と記す。鏡花のみならず、竹久夢二も訪れるなど文化人たちに愛されてきた。

自然光がさわやかなホテルおがわの大浴場（男湯）

ホテルおがわは明治19年の創業。加水なしの源泉かけ流しで、神経痛や婦人病、冷え性などに効果があるという。内湯の大浴場は広いガラス窓から自然光が降り注ぎ、さわやかな気分に浸れる。

直径2メートルはありそうな総ヒノキづくりの巨大な桶の露天風呂につかると、川のせせらぎが耳に心地よい。冬季はライトアップされた雪景色も楽しめる。

宿から上流へ7分歩く。湯の華が凝固してできた「天然洞窟野天風呂」があり、混浴風呂として知られる。その先には女性専用の野天風呂「蓮華の湯」も。いずれも5～11月限定で入浴できる。

女湯の露天風呂は総ヒノキ造り

朝日岳や白馬岳への登山口近くにある

所 朝日町湯の瀬1

☎ 0765-84-8111

使用水 天然温泉 療養泉 掛け流し

源泉 小川温泉 **泉質** ナ-塩化物・炭酸水素塩

泉温 53.5℃ **適応症** 浴 一般的適応症

末梢循環障害　冷え症　皮膚乾燥症

うつ状態

湯温 男 女 42℃

設備 シャン リンス ボディ ドライ

綿 冷 他（ホテル玄関前に飲泉あり）

バリアフリー 椅子 **種類** 内湯

露天（天然洞窟野天風呂［男女混浴］・野天風呂蓮華の湯［女性専用］ただし冬期間は閉鎖）

営 開 10:00 閉 14:00 終 13:30 休 ホテル休館日・月・火・水は不可。天然洞窟野天風呂は冬季休業 料 大 1,000円 小 500円 駐 50台 HP https://www.ogawaonsen.co.jp/ 交 泊駅から車で20分 **ひとこと** 湯量たっぷりの源泉掛け流しが自慢です。

舟見寿楽苑 ふれあい温泉 ふなみの湯

天然温泉

城跡近い舟見川河畔に憩う日帰り湯

入善町の里山・舟見地区にある温浴施設「ふれあい温泉ふなみの湯」。社会福祉法人「舟見寿楽苑」が営み、舟見地区を中心に入善町民に愛されている温泉だ。

　中世末の山城・舟見城跡の麓に位置し、近隣から自然湧出するナトリウム・塩化物ー炭酸水素塩泉を、ふんだんに使用している。皮膚病や冷え性に良いとされるが、ふなみの湯の温泉水は飲用も許可されており、胃腸病への効果があるという。

　お風呂は、大風呂と腰掛け湯の2種類を用意し、老若男女が訪れる。

　大きな窓から見える入善の自然を眺めながら、リラックスタイムを満喫できる。休憩スペースは、地元の方々による盆栽や工芸品などが飾られており、舟見の人々の顔が見える交流の場所となっている。

　ふなみの湯の敷地の横に流れる舟見川には、毎年夏になると多くの蛍を見ることができる。幻想的な雰囲気とともに温泉を楽しむことができるので、夏には散歩をおすすめしたい。

源泉掛け流しのふんだんな湯量を誇るふなみの湯

浴場にも、福祉施設ならではのやさしさが随所に

かつて山城があった舟見山の麓にある

使用水 天然温泉 療養泉 掛け流し
源泉 黒部川明日温泉
泉質 ナ-塩化物・炭酸水素塩 泉温 46.2℃
適応症 浴 一般的適応症 きりきず 末梢循環障害 冷え症 皮膚乾燥症 うつ状態

湯温 男 女 40.2℃
設備 鍵付ロ ドライ
バリアフリー 椅子
種類 内湯 寝

入善町
↑泊駅方面
舟見寿楽園 ふれあい温泉
ふなみの湯
63
愛本橋・愛本駅方面↓
13
バーデン明日
黒部市

営 開11:00 閉20:00 終19:30 休 火曜、年末年始 料 大500円 小200円 駐 50台 HP http://funamijurakuen.jp/ 交 自家用車推奨。入善駅から車で20分 ひとこと 美しい自然に囲まれのんびりと過ごせます。駐車場脇の舟見川沿いには、足湯施設もあります。

所 入善町舟見1664
☎ 0765-78-2080

黒部川明日温泉元湯 バーデン明日(あけび)

天然温泉　サウナあり

参勤交代の街道沿いにある美肌の湯

ゆったりした内風呂

黒部川にかかる赤い愛本橋は、参勤交代の列が通った「はね橋」だった。かつての日本三大奇橋から車で数分、街道沿いに立つ大きな一本松が、温泉へと曲がる目印だ。

「バーデン」は入浴を意味するドイツ語。黒部市宇奈月の明日(あけび)地区に源泉を掘り、隣接する入善町舟見の施設に引いた。内湯と露天風呂があり、わき出るお湯をぜいたくに掛け流している。

内湯には、円形の段差をつけた浴槽やジェットなどがある。大きな岩や石燈籠の庭を備えた露天風呂は、広々としていて気持ちが良い。見渡す山並みや空がさわやかだ。泉質はナトリウム炭酸水素塩・塩化物泉（重曹泉）で、疲労回復などに効くという。しっとりと滑らかな感触を楽しむことができ、施設は「美肌効果」もうたっている。

さて、赤い愛本橋やこの辺りの田園地帯は、宮本輝さんの小説の舞台にもなった。近くを散策し、文学の余韻に浸るのもよいだろう。

開放感のある露天風呂

入善町にあるバーデン明日

入善町　↑泊駅方面　63　黒部川明日温泉元湯 バーデン明日　ふなみの湯・　愛本橋・愛本駅方面↓　13　黒部市

所 入善町舟見1677−1
☎ 0765-78-2525

使用水 天然温泉 療養泉 掛け流し
源泉 黒部川明日温泉 泉質 ナ・塩化物・炭酸水素塩
泉温 46.2℃ 適応症 浴 一般的適応症 きりきず 末梢循環障害 冷え症 うつ状態 皮膚乾燥症
湯温 男 女 42℃ 設備 シャン リンス ボディ 鍵付ロ ドライ 冷 種類 大浴槽 露天 気泡 水風呂 座 サウナあり
高温ドライ 遠赤 室温 男 女 92℃
サ備 水風呂（駐車場奥の舟見川沿いに足湯施設があります）

営 開 10:30 閉 20:00 終 19:00 休 火曜 料 大 600円 小 400円 ② 無料
駐 150台 HP https://baden-akebi.jp/oneday/
交 自家用車推奨。入善駅から車で17分　ひとこと「天然の化粧水」とも称される美肌効果の高い泉質です。

宇奈月温泉 とちの湯 天然温泉

峡谷の大自然に抱かれたダム湖畔の天然温泉

うなづき湖畔の露天風呂につかり、対岸に目をやると、黒部峡谷の山肌をトロッコ電車が音を立てて走っていくのが小さく見える。水をたたえた黒部川本流の奥に、北アルプスの山々がそびえる。

大自然を丸ごと感じながらゆったりとお湯を楽しめるのが魅力だ。宇奈月ダムと湖の完成に合わせて開業したこの風呂は、上流の黒薙を源泉とする弱アルカリ性単純温泉。露天風呂のほか、内湯も備えている。伝統的なお風呂文化に加え、ダイナミックな景観に触れられるとあって、海外からの客もよく立ち寄る。

木造の交流施設にはパネルなどの展示コーナーがあり、ガラス越しに絶景を楽しめるテラスもおすすめだ。

湖面のすぐ上を見れば、サル専用のかわいい橋が目に入るだろう。温泉街から車を運転してここに来る途中、サルたちに遭遇しても決して珍しくはない。冬は雪が深く、長期休業するのでご注意を。

大自然を満喫できる露天風呂が自慢のとちの湯

パネルの展示コーナー

テラスから渓谷美を楽しむ

使用水 天然温泉 療養泉 循環
源泉 宇奈月温泉（黒薙温泉）
泉質 単純 泉温 98.3℃
適応症 浴 一般的適応症 自律神経不安定症 不眠症 うつ状態

湯温 男 女 42℃
設備 シャン リンス ボディ 鍵付ロ ドライ バリアフリー 手すり スロープ
種類 内湯 露天

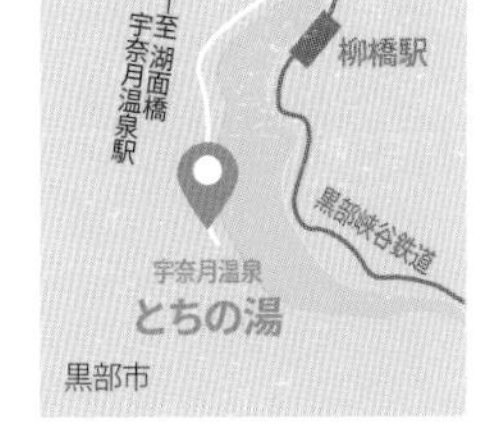

営 開10:00 閉17:00 終16:30 休 冬季間（12月上旬～翌4月中下旬）は休業、営業期間中は無休 料 大510円（小・中学生250円・小学生未満は無料） 駐 36台 HP https://tochinoyu.com/ 交 宇奈月温泉駅から車で10分 ひとこと 露天風呂から黒部峡谷を見渡す絶景は見事です。

所 黒部市宇奈月温泉6215
☎ 0765-62-1122

宇奈月温泉総湯 湯めどころ宇奈月

天然温泉

温泉街のビルで手軽に楽しむかけ流しの湯

湯めどころ宇奈月３階の広々とした「月美の湯」

宇奈月温泉は、黒部峡谷の「黒薙（くろなぎ）」からお湯を引く。澄んだ弱アルカリ性単純温泉は、しっとりすべすべし、美肌の湯として知られる。

そんな温泉街のど真ん中にある近代的なビルが「総湯」だ。この建物の中に宇奈月の魅力が詰まっている。

エレベーターで３階へ上ると、そこは「月美の湯」。温泉街から見える美しい月が名称の由来で、かけ流しの天然温泉を楽しめる。

浴室はとにかく広い。異なる温度設定の湯に浸かり、腰掛けたり、ねそべったりしながらゆったりできる。熱めのお湯に入れば、身体が芯まであたたまる。吹き抜けの天井から光が差す露天風呂も魅力がある。

２階は「桃の湯」。かつて宇奈月温泉は「桃原」と呼ばれていたそうだ。浴槽には黒部川の石を使っている。

１階にはイベントに利用できるフリースペースや観光案内所、ビルの外には「足湯」を備え、住民にも観光客にもうれしいサービスぶりだ。

誰でも楽しめる足湯ももはら

近代的な宇奈月温泉総湯の建物

所 黒部市宇奈月温泉256-11

☎ 0765-62-1126

使用水 天然温泉 療養泉 循環

源泉 宇奈月温泉（黒薙温泉）

泉質 単純 泉温 98.3℃

適応症 浴 一般的適応症　自律神経不安定症　不眠症　うつ状態

湯温 男 女 42℃～43℃

設備 シャン リンス ボディ 鍵付ロ ドライ 他（扇風機・体重計）

バリアフリー 手すり スロープ

種類 内湯 露天 座

温泉は館内の床暖房にも使用されており、飲泉・足湯の付帯施設もあります。

営 開 9:00 閉 22:00 終 21:00 休 毎週火曜（5月～11月は第４火曜のみ）料 大 510円 小 250円（小学生未満は無料）駐 21台 HP http://yumedokoro-unazuki.jp/ 交 宇奈月温泉駅から徒歩1分 ひとこと リーズナブルな価格の天然温泉です。

生地温泉 たなかや

詩人ゆかりの叙情に浸る港町の湯

肌ざわりの良いお湯をたたえる大浴場（女湯）

明治44年に湯治宿を開いたのが始まり。生地鼻灯台の近くにあり、戦前は砂丘のような白浜が広がる県内有数の行楽地だったという。

かつて上杉謙信が病を癒やしたと伝わるお湯は、透明で塩気があり、滑らかな肌ざわりがとても心地よい。広々とした大浴場のお湯は、ほどよい温度に設定してあり、体がよく温まる。神経痛や胃腸などに効果があるという。

浴場のガラス窓の向こうに広がる庭園は、見ごたえがある。松竹梅を意識して植えたのだろう。女湯から見る紅梅の姿はあたかも絵画のような造形で、男湯から眺める竹林も整然としてさわやかだ。四季折々の風情を楽しめる。

たなかやには熱心な文芸ファンも訪れる。大正期の詩人、田中冬二の父の本家筋にあたり、直筆原稿や色紙を飾っているからだ。生地の港町を歩くと、今も、「ほしがれいを焼くにおいがする」で始まる代表作「ふるさとにて」の雰囲気を感じることができる。

玄関フロアにある詩人の田中冬二資料室

生地温泉　たなかや

使用水 鉱泉水
健康効果 肩こり 関節痛 アトピー性皮膚炎 腰痛 神経痛などに期待できる
燃料 ボイラー
湯温 男 女 40℃～41℃
設備 シャン リンス ボディ 鍵付ロ ドライ
バリアフリー 椅子 手すり
種類 大浴槽

営 開13:00 閉20:00 休水・木曜 料 大800円 小400円（3歳未満300円）駐 玄関前に十数台駐車可能 HP https://ikujionsen.com/ 交 生地駅から車で4分 ひとこと 内湯ひとつ。謙信ゆかりの癒やしのお風呂です

所 黒部市生地吉田新230
☎ 0765-56-8003

金太郎温泉 カルナの館

天然温泉
サウナあり

豊かな湯量を誇る硫黄と塩の本格温泉

金太郎温泉といえば、すぐれた湯質と岩風呂だ

館内に入ると、あの硫黄の香りが漂ってくる。金太郎のように健康になってほしいという願いを込めたネーミングはかわいいが、本格的なお湯と施設は、全国区で勝負できる「ザ・温泉」である。

大きな赤石や青石などを集めた「岩風呂」が名物で、お湯は硫黄を含んだナトリウム・カルシウムの塩化物泉。豊かにわき上がり続けるお湯を、温泉の成分をしっかり保ったままぜいたくに使う「100%源泉かけ流し」を誇る。

ジェットも歩行浴も、寝湯、腰掛け足湯、そして打たせ湯すらも、温泉をそのまま流し続けるこだわりようだ。

昭和40年に創業し、演芸公演でにぎわった時代もあったが、日帰りの「カルナの館」がオープンしてからは、静かにお湯を楽しむ風呂を志向している。温まった体はゆっくりと冷め、眠りが深くなったと喜ぶ客は多い。

ちなみに「カルナ」は健康を守る古代ローマの女神。広々とした庭園大露天風呂は、春には満開の桜が美しい。

庭園風の露天風呂

日帰り施設「カルナの館」

使用水 天然温泉 療養泉 掛け流し
源泉 金太郎温泉（1・2・3号井）
泉質 含硫黄-ナ・カ-塩化物（硫化水素型）
泉温 73.5℃ **適応症** 浴 一般的適応症 慢性湿疹 尋常性疥癬 表皮化膿症 末梢循環障害
湯温 男 女 42℃ **設備** シャン リンス ボディ 鍵付ロ ドライ クシ 綿 冷 他（ヒゲ剃り・ヘアトニック）
バリアフリー 椅子 手すり
種類 大浴槽 露天 気泡 水風呂 座 寝 立 打 家 他（歩行風呂） サウナあり
高温ドライ 遠赤 **室温** 男 女 90℃
サ備 水風呂 **外気浴** 椅子 ベンチ

所 魚津市天神野新6000
☎ 0765-24-1221

営 開 8:30 閉 23:30 終 23:00 休 なし 料 3時間 大 1,100円 小 550円（3歳未満無料） 駐 200台 HP https://www.kintarouonsen.co.jp/karuna/ 交 魚津駅から車で10分 **ひとこと** 天然温泉100%掛け流しの露天風呂を堪能ください。

つるぎふれあい館 アルプスの湯

天然温泉
サウナあり

劔岳の町・上市に老若男女が健康づくり

小説・映画「劔岳・点の記」の舞台にもなり、過酷な登山で知られる北アルプスの劔岳。そのふもと上市町は、健康づくりへの取り組みが熱心なことで知られる。人気の温泉「アルプスの湯」は、上市町保険福祉総合センター「つるぎふれあい館」の1階にあり、開店間近になると地域住民が集い、受付前に長い列をつくる。

男湯女湯とも明るく広い大浴場は、多種多様な機能風呂に加え、サウナルームと二つの露天風呂を備えている。

源泉掛け流しの露天風呂も静かでいいが、天然温泉に人工炭酸泉を加えた露天のお湯に入ると、身体中が小さな気泡でびっしり覆われ、ちょっと不思議な体感をおぼえる。炭酸ガスが皮膚から吸収され、体内の新陳代謝を活発にするそうだ。ぬるめのお湯に10分から20分つかると効果が高まるとのこと。

サウナは時間帯別で設定温度を変えており、午前中は高齢者にもやさしい低温サウナ、午後は若者やマニアの好む高温サウナとなっている。健康志向の高い町のシンボル的な温浴施設といえるだろう。

多種多様なお風呂を楽しめる大浴場。歩行浴の向こうの露天スペースには、高濃度の炭酸泉が

源泉掛け流しの露天風呂

つるぎふれあい館 アルプスの湯

使用水 天然温泉 療養泉（掛け流し・循環併用）
源泉 上市町湯上野温泉（1・2号井）
泉質 アルカリ性単純 **泉温** 33.8℃ 1号井 37.1℃ 2号井 **適応症** 浴 一般的適応症 自律神経不安定症 不眠症 うつ状態
湯温 男 女 41.5℃ **設備** シャン リンス ボディ 鍵付ロ ドライ 綿 冷
バリアフリー 椅子 手すり スロープ
種類 内湯 露天 気泡 炭酸泉 水風呂 香湯（かおりゆ） 寝 他（歩行浴）
サウナあり 高温ドライ 遠赤
室温 60℃（午前）・90℃（午後）
サ備 水風呂 外気浴 椅子 ベンチ

上市町
上市駅
152
ショッピングタウンパル・
・上市町役場
つるぎふれあい館
アルプスの湯
稗田
湯神子温泉ゆのみこ

営 開10:00 閉21:00 終20:30 休 月曜（祝日の場合、翌日）・年末年始
料 大610円 小300円 駐250台 HP https://kamiichimachi-zaidan.jp/ 交 上市駅から車で5分 ひとこと ゆったりスペースでおくつろぎください。

所 上市町湯上野1176
☎ 076-473-3272

湯神子温泉 ゆのみこ

天然温泉

湯原に入った神子の伝説をもとに温泉開発

深さを変え思い思いの入浴ができる大浴槽

「大岩山(おおいわさん)」の山号で知られる真言密宗の古刹(こさつ)日石寺。地元では「大岩さん」「大岩のお不動さん」と親しまれている。昔、このあたりの湯原に神子(みこ)がひとり来て入湯したところ湯が絶え、跡地を開拓し「湯神子」という村をつくった。その後、江戸期になり、大岩川の支流、須山川に自噴する温泉で、村人は農具や馬具を洗って暮らすようになった。戦後、この伝説をもとに温泉開発がなされ、現在の温泉・料理旅館「ゆのみこ」が営業を開始した。

宿泊と料理が中心の旅館だが、立ち寄り湯のファンも多く、外来湯専用の玄関前には所狭しと車が並ぶ。男女とも浴室は広く、大浴槽にはジェットバスの気泡が立ち、温浴効果を高めている。また一部の区画は、半身浴や寝湯ができる浅さに切られ、身を横たえると、ゆっくりと体の芯まで温まっていくのを感じる。温泉はメタケイ酸を大量に含むため、保湿効果で肌がしっとりするのを実感できる。お肌の新陳代謝も期待がもてそうだ。

露天風呂に置かれた2体の神子の人形も愛らしい。

湯神子温泉ゆのみこ

目印のあざやかな看板

使用水 天然温泉 循環 加温
源泉 大岩湯神子温泉
泉質 メタケイ酸
泉温 21.5℃
適応症 浴 一般的適応症
湯温 男 女 41℃
設備 シャン リンス ボディ 石鹸
鍵付ロ ドライ
バリアフリー 椅子 手すり
種類 大浴槽 ジェット 露天 寝 他(半身浴)

所 上市町湯神子25
☎ 076-472-3111

営 開 13:00 閉 21:00 終 20:30 休 不定休(休館・時間短縮はHPに掲載) 料 大 600円 小 300円 駐 80台 HP https://www.yunomiko.com/ 交 上市駅から車で6分 ひとこと 露天風呂は土・日・祝のみ開湯

立山吉峰温泉 立山グリーンパーク吉峰 ゆ～ランド

天然温泉
サウナあり

露天風呂など五つの浴槽とサウナを楽しめる

立山のふもと、立山町吉峰の高台にある交流施設「グリーンパーク吉峰」内にある温浴施設。

券売機で買った券を、靴箱キーと一緒に受付で渡し、ロッカーキーを受け取ってから入館する。受付から右へ行くと男女の大浴場、左手が休憩所と食堂になる。

男女の浴場に浴槽は五つある。薬湯、熱いお湯、温いお湯、サウナ近くの水風呂と、屋外には露天風呂だ。泉質は低張性のアルカリ性単純温泉で、お湯は無色でにごりもなく無味無臭。アルカリ性温泉特有のつるつとした肌ざわりに保温力の持続を実感する。なるほど「美肌の湯」と言うわけだ。筋肉痛や関節痛、冷え性にも良いとされる。

サウナは遠赤外線ストーブで温度は約90℃。露天風呂は広く天然石が配され、ぬるめの湯温はゆっくり浸かることができる。晴れた日は眼下に富山平野を見下ろせる。

入浴後、別料金で受けられるカイロプラティックが人気。お食事処吉峰（食堂）では立山ポークを使った料理などが供される。同じ敷地に、宿泊施設やアウトドア施設があり、レジャーと合わせて楽しみたい。

美人の湯につかりながら立山山麓の新鮮な空気が吸い込める

遠赤外線ガスストーブのサウナで芯から温まる

立山山麓の自然の中にあるゆ～ランド

使用水 天然温泉 療養泉 掛け流し 循環
源泉 立山吉峰温泉 泉質 アルカリ性単純
泉温 31.8℃ 適応症 浴 一般的適応症
自律神経不安定症　不眠症　うつ状態
湯温 男 女 42℃ 設備 シャン リンス ボディ 鍵付ロ ドライ
バリアフリー 椅子 手すり

種類 大浴槽 露天 水風呂 薬湯
サウナあり 高温ドライ ガス
室温 男 女 88℃
サ備 水風呂
外気浴 椅子 ベンチ

沢中山駅
6
立山吉峰温泉
立山グリーンパーク吉峰
ゆーらんど
富山地方鉄道
15
15
立山町
岩峅寺駅

営 開 10:00 閉 21:00 終 20:30 休 火曜（メンテナンス休業あり）
料 大 700円 小 350円 駐 200台 HP https://www.yoshimine.or.jp/
交 岩峅寺駅から車で5分 ひとこと 肌触りぬるぬるの「美肌の湯」です。

所 立山町吉峰野開12
☎ 076-483-2828

まちなか天然温泉 ゆくりえ

天然温泉
サウナあり

トロッとしたお湯が魅力。23時まで営業の日帰り温泉

まちなかの喧騒をしばし忘れるゆくりえののどかな露天風呂

市内中心部の喧騒(けんそう)からすこし離れた一角にあるスーパー銭湯。泉温約39℃のアルカリ性単純温泉をふんだんに使い、とろっと感じるやわらかなお湯にファンも多い。加水なし、普段は加温もしないが、気温の低い日にはわずかに加温設定するそうだ。

暗めの照明に、針葉樹の無垢材のような天井と、赤大理石の床や浴槽は落ち着いた雰囲気。浴槽に白く浮くものがあり、ドキっとするが、スタッフに聞くと「湯の花」つまりは温泉成分が凝縮したものだそう。

サウナはやや小ぶりで、座る位置によってはかなり高温だ。水風呂を浴びたら、洗い場を通り抜けて、露天風呂スペースへ向かう。広めの露天風呂は檜皮葺を模した壁と岩風呂で作られ野趣たっぷり。そばに置いてある椅子か、岩風呂の縁をベンチ代わりにして外気浴を楽しもう。

男湯と女湯は毎日入れ替わる。偶数日、奇数日で行きたい浴場を選ぶと良い。

まちなかで、天然温泉が平日の夜でも23時まで利用できるため、仕事帰りに疲れた体や心もリフレッシュできそうだ。畳敷きやベンチの休憩コーナーも充実している。

広々と落ち着いた大浴場

多くの利用者でにぎわうゆくりえ

41 南富山駅 富山地方鉄道 69 プラ座ゆ 43 まちなか天然温泉 ゆくりえ 南ゴルフクラブ 朝菜町駅 富山市

使用水 天然温泉 療養泉 掛け流し 無加水
(必要な場合があれば、加温・循環を併用)
源泉 長八温泉 泉質 アルカリ性単純
泉温 38.7℃ 適応症 浴 一般的適応症
自律神経不安定症 不眠症 うつ状態
湯温 男 女 39℃~42℃（偶数・奇数日で入替） 設備 シャン リンス ボディ
鍵付ロ ドライ 綿 冷
バリアフリー 椅子 手すり スロープ
種類 大浴槽 露天 気泡 ジェット 水風呂
サウナあり 高温ドライ ストーン 室温 男 女 100℃ サ備 水風呂 外気浴 椅子

所 富山市上袋545-1
☎ 076-420-1126

営 開 9:00 閉 23:00 終 22:30 休 なし 料 大 900円 小 400円 駐 200台
HP https://toyamaonsen.jp/ 交 南富山駅から車で5分
ひとこと 良質で湯量豊富な無加水・源泉掛け流しの天然温泉です。

神通峡春日温泉 ゆーとりあ越中

天然温泉
サウナあり

富山の自然(いのち)と生きる宿

温泉旅館「ゆーとりあ越中」のある春日温泉郷は、神通川中流の富山市春日に位置する。

古くは大正時代に整備され、当時の飛越線沿線で名湯として知られたようだ。春日温泉郷にある春日公園は、春は桜、秋は紅葉が楽しめる。当館の近くには、同じ源泉を利用したスポーツ施設「ウィンディ」、ホテル「リバーリトリート雅樂倶」もある。

温泉「しずかの湯」「はるかの湯」は日替わりで男女入れ替えとなる。

川の流れを感じる露天風呂

ゆーとりあ越中は、男女の湯とも気持ちのよい露天風呂を備えている。チェアと壺湯も複数設置され、晴れた日には清流神通川のせせらぎが感じられる。露天と内湯で使用する二つの源泉は、いずれもナトリウム塩化物泉。それぞれ微妙に成分と泉温の違いを楽しめるのが特徴だ。

6人ほど入れるサウナルームは、電気ストーブの上にストーンサウナを載せる高温タイプ。90℃から100℃の高温で、気持ちよく汗をかくことができる。水風呂を浴びたら、露天スペースで外気浴ができる。

木曜日は受付15時～20時。土曜日や連休は日帰り湯の受け入れ時間が短縮するので注意。

ゆーとりあ越中の外観

使用水 天然温泉 療養泉 加水 掛け流し 循環 源泉 春日温泉（3号井） 泉質 ナ-塩化物 泉温 44℃ 源泉 春日温泉（4号井） 泉質 ナ-塩化物 泉温 72.9℃
適応症 浴 きりきず 末梢循環障害 冷え症 うつ状態 皮膚乾燥症 一般的適応症
燃料 重油 湯温 男 女 42℃ 設備

シャン リンス ボディ 鍵付ロ ドライ クシ 綿 冷 バリアフリー 椅子 手すり 種類 内湯 大浴槽 露天 ジェット 水風呂 壺
サウナあり 高温ドライ 電気 ストーン 室温 男 女 95℃ サ備 水風呂 外気浴 椅子

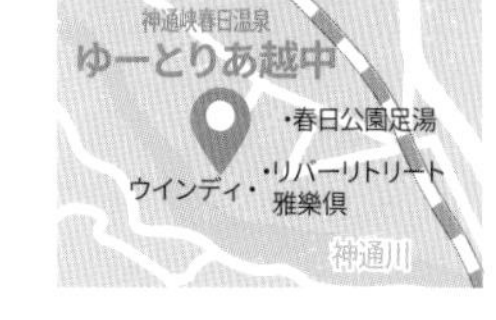

営 開 10:30 閉 20:00 木 15:00-20:00 土 10:30-15:00（大型連休・風の盆も同一） 休 不定休 料 大 750円 小 350円 駐 完備 HP https://www.yu-toriaettyu.co.jp/onsen/ 交 笹津駅から徒歩12分 ひとこと 里山の実りと温泉が、心とからだにうるおいを与え、くつろぎと笑顔を提供します。

所 富山市春日96-1
☎ 076-467-5000
（受付時間 9:00～19:00）

神通峡岩稲温泉 楽今日館

天然温泉
サウナあり

富山県屈指の名勝・神通峡に湧く「美人の湯」

富山市から飛騨に向かって国道41号を走ると、神通川を橋で渡ったあたりから神通峡の渓谷美が現れる。この旧飛騨街道、県定公園神通峡で、人気の高い温泉施設が「楽今日館」だ。開館は1996年、地元の旧細入村特産のラッキョウをもじった名前で親しまれてきた。温泉宿として宿泊や宴会・法要に利用されているが、日帰り入浴にも対応している。

神通川の流れに沿って配置されている内風呂と露天風呂

近年、源泉を神通峡岩稲温泉から神通峡温泉に移し、アルカリ性のナトリウム－硫酸塩泉を提供している。リウマチや関節痛、神経痛などに良いとされ、「美人の湯」としても知られる。

浴場は「きくの湯」と「さざんかの湯」が毎日男女で入れ替わる。どちらも内湯のほか機能風呂の設備があり、露天風呂では対岸に切り立つ渓谷の美しい自然と、神通川の清流を間近に感じられる。サウナは「きくの湯」が高温サウナ、「さざんかの湯」が遠赤外線サウナを用意している。

キャンプサイトやバーベキュー施設のある割山森林公園「天湖森」や、道の駅細入「林林」からもほど近い。

神通峡の大自然を肌で感じられる露天風呂

県境近く、国道41号沿いの看板が目印

所 富山市岩稲26-1
☎ 076-485-2800

使用水 天然温泉 療養泉 循環
源泉 神通峡温泉 泉質 ナ-硫酸塩
泉温 40.7℃ 適応症 浴 一般的適応症 きりきず 末梢循環障害 うつ状態 皮膚乾燥症
湯温 男 女 42℃ (日替)
設備 シャン リンス ボディ 鍵付ロ ドライ 綿 バリアフリー 椅子 手すり
種類 大浴槽 露天 ジェット 気泡 水風呂
サウナあり 高温ドライ 電気 室温 83℃ 遠赤 室温 80℃
サ備 水風呂

営 開10:00 閉22:00（12～2月は21:00）終21:00 休 元旦、夏・冬のメンテナンス休業 料 大650円 小330円 駐 100台 HP http://www.rakkyokan.com 交 自家用車推奨。楡原駅から車で3分
ひとこと 質のよいお湯が自慢です。

82 富山市 八尾ゆめの森 ゆうゆう館

天然温泉
サウナあり

おわら風の盆の町を見下ろす高台の湯

胡弓のひびきが哀愁をさそう「越中八尾おわら風の盆」で知られる富山市八尾。その中心地区を見下ろす高台にある温泉施設。宿泊施設、レストラン、宴会場、会議室も備えるが、日帰り入浴の人気が高く、平日も近隣からの利用者で賑わう。

駐車場は広く、バス停留所とロータリーもある。利用者はロビーの券売機で入浴券を買って受付に出す流れだ。

おわら風の盆をイメージしたたおやかな内湯、おわらの湯

温泉は、二つの天然温泉の源泉を使用した混合泉で、泉質はどちらもナトリウム・カルシウム－塩化物泉、低張性・弱アルカリ性・高温泉。泉温が高いため、浴用に合わせて加水・加温の調整をしている。

浴場は、曲線の大浴槽が優美な「おわらの湯」、直線的な大浴槽が勇壮な「曳山の湯」が、男女毎日入れ替わる。設備は、寝湯とジェット風呂を備えた大浴槽のほか、ゆったりした100℃のサウナと水風呂、露天風呂、木桶の五右衛門風呂などと多彩だ。洗い場、脱衣場も広く、湯上りは無料の休憩所でくつろぐことができる。

水曜日は日帰り湯が休みなので要注意。坂の町八尾への小旅行とともに楽しみたい。

100℃設定という人気の高温サウナ

八尾の町を見下ろせる高台に立つ

使用水 天然温泉 療養泉 循環
源泉 八尾ゆめの森温泉・角間温泉
泉質 ナ・カ-塩化物 **泉温** 47.5℃
適応症 浴 きりきず 末梢循環障害 冷え症 うつ状態 皮膚乾燥症 一般的適応症 萎縮性胃炎 便秘
湯温 男 女 42℃（日替）

設備 シャン リンス ボディ 鍵付ロ ドライ
バリアフリー 手すり スロープ
種類 大浴槽 露天 水風呂 サウナあり 高温ドライ 電気
室温 男 女 100℃
サ備 水風呂

営 営業時間が変わる場合も有（HPでご確認ください）開 10:00 閉 22:00 終 21:30 休 水曜（休日の場合は翌日）、毎年9月1・2・3日 料 大 650円 小 330円 駐 100台 HP https://www.uu-kan.com/ 交 越中八尾駅から車で8分 ひとこと 入浴後もポカポカが冷めません。

所 富山市八尾町下笹原 678-1
☎ 076-454-3330

富山市白木峰山麓交流施設 大長谷温泉

天然温泉

白木峰のふもとに湧く小さな山の湯

夏になると高原に咲く満開のニッコウキスゲで有名な白木峰のふもと、杉ケ平の近くにある。富山市中心部から車で1時間ちょっと。途中、細い曲がりくねった道を通るが舗装されているので不安は少ない。

富山市の施設を大長谷村づくり協議会が運営する。村上山荘を過ぎ、さらに南に入ると小さく愛らしい温泉施設が見えてくる。

内湯は小じんまりと、まさに山の湯。大長谷の四季のうつろいが感じられる

ロビーの床に切られた囲炉裏の前では、地元の女性たちが談笑している。入浴料470円を払って浴室へ向かう。小ぢんまりした湯舟がひとつのシンプルな設備だ。泉質は、アルカリ性単純泉。37℃の湧出泉をわずかに加温している。ぬるめで低張性のやさしいお湯は、長く入っても湯当りしない。洗い場のカランは四つ、それとは別にシャワーがひとつ。浴場にはボディソープとリンスインシャンプーが備えてある。脱衣場のロッカーと家庭用のドライヤーは無料。洗面台には、手作りのよもぎオイルと、どくだみ化粧水が置いてあった。山の湯らしいサービスがうれしい施設だ。キャンプや登山の折にも利用したい。

清潔に管理された洗い場

21世紀の森の近くにある大長谷温泉

所 富山市八尾町杉平12
☎ 076-458-1008

使用水 天然温泉 療養泉 掛け流し 加温
源泉 大長谷温泉
泉質 アルカリ性単純 泉温 37°C
適応症 浴 自律神経不安定症 不眠症 うつ状態 一般的適応症

湯温 男 女 40°C
設備 シャン リンス ボディ 鍵付ロ ドライ 綿
バリアフリー 手すり スロープ
種類 内湯

営 9～11月 開 10:00 閉 19:00、7・8月 開 10:00 閉 20:00、12～3月 開 12:00 閉 17:00 休 木曜（祝日の場合は翌日）、年末年始
料 大 470円 小 320円 駐 20台 HP https://www.city.toyama.lg.jp/shisei/shisetsu/1011072/1011076/1008115.html 交 自家用車推奨
ひとこと 自然豊かな場所でのんびりすごせます。

牛岳温泉健康センター

天然温泉　サウナあり

富山平野と周囲の山々を展望。多種多機能の温泉施設

富山市、砺波市、南砺市にまたがって横たわる標高987メートルの牛岳。春は山菜摘み、夏はハイキング、秋はきのこ狩り、冬はスキーと、県民にとって身近な自然の山だ。その麓の源泉からこんこんと湧き上がる温泉を提供する温浴施設が、この牛岳温泉健康センター。国道359号から県道富山庄川線へ入り、いくつものカーブを曲がった旧山田村の谷合いにある。

多様なスタイルの内風呂のある階を、手すり付きの階段でつなぐ牛岳温泉健康センター

泉質はナトリウム・カルシウム−塩化物泉の温泉で、泉温は63・7℃と高温泉。たしかに湯壺から出るお湯も、かなり熱く感じる。浴槽のお湯そのものは循環使用のため、浴用に適した状態に加水加温しているという。さらりとした感触で、湯上りの後、いつまでも、温かさと爽やかさが残り、疲労回復が期待できそうだ。

谷合いの施設のため、浴場は三つの階に分かれ、洗い場から大浴槽へは、手すり付きの階段で上り下りする。気泡風呂、寝風呂、打たせ湯、サウナや水風呂もあり、富山平野や立山連峰、砺波の山並みを望むことができる。曜日別、県内各所から日に二本ずつ、無料バスが出るのがうれしい。

岩造りの露天風呂は、お湯が優しく感じる

日帰り湯施設はいちばん奥に見える建物

使用水 天然温泉 療養泉 循環 加水 加温
源泉 牛岳温泉 泉質 ナ・カ-塩化物 泉温 63.7℃ 適応症 浴 きりきず　末梢循環障害　冷え症　うつ状態　皮膚乾燥症　一般的適応症
湯温 男 女 42℃
設備 シャン リンス ボディ 鍵付ロ ドライ

バリアフリー 手すり 種類 大浴槽 露天 気泡 水風呂 打 寝 サウナあり 高温ドライ 電気
室温 男 女 80℃
サ備 水風呂 外気浴 露天風呂スペースを利用

牛岳温泉健康センター
59
山田公民館・
346
富山市

営 開 10:00 閉 21:00 終 20:00 休 火曜日 料 大 650円 小 330円
駐 ささみね側の駐車場を利用 HP https://ushidake.com/ 交 自家用車推奨 ひとこと 立山連峰を一望できます。

所 富山市山田赤目谷 31-28
☎ 076-457-2131

85 高岡市 天然温泉付き地域交流館 グランスパかの苑 天然温泉

銭湯と同じ料金で2種類の源泉掛け流しの天然温泉を

高岡インターにほど近い国道8号沿いにある。社会福祉法人が高齢者住宅とともに経営する、天然温泉の温浴施設。

ここの自慢は、効能の異なる二種類の療養泉が、源泉掛け流しで楽しめることだ。赤大理石風の内湯の大きな浴槽は、二つに仕切られており、一つは無色透明でマイルドな刺激の単純温泉で神経痛や自律神経失調症、疲労回復などに良いとされる。もう一つは、ほんのり乳白色をしたナトリウム－塩化物泉で、保温や循環効果があり、冷え性や腰痛、関節症などに良いとされる。全天候型の露天風呂もナトリウム－塩化物泉を掛け流して、これが銭湯と同じ料金というのだからうれしい。

光量を落とした照明が落ち着いた雰囲気を作り、スタッフの対応も親切で、国道の喧騒を感じさせない癒やし空間だ。

食堂やコインランドリーも併設し、地域の交流スペースとなっている。駐車場は広く大型トラックやキャンピングカーも停めることができる。とくに週2回のポイント3倍デーは多くの人で賑わう。併設の高齢者住宅入居者は無料で入浴できる。

内湯は異なる2種類の天然温泉を楽しむことができる

全天候型の露天風呂は
ナトリウム塩化物泉を使用

グランスパかの苑外観

使用水 天然温泉 療養泉 掛け流し 循環

源泉 香野苑温泉 第1源泉

泉質 単純 **泉温** 27.8℃

適応症 浴 一般的適応症 自律神経不安定症 不眠症 うつ状態 **湯温** 40.5℃

源泉 香野苑温泉 第2源泉

泉質 ナ-塩化物 **泉温** 35.9℃

適応症 浴 きりきず 末梢循環障害 冷え症 うつ状態 皮膚乾燥症 一般的適応症

湯温 41℃ **設備** シャン リンス 鍵付ロ ドライ 綿 **バリアフリー** 椅子 手すり **種類** 大浴槽 中浴槽 露天（男女の入替はありません）

所 高岡市上渡 16－2

☎ 0766-31-3808

営 開11:00 閉23:00 終22:00 休 なし 料 大470円 中150円 小100円（3歳未満無料） 駐 200 台 HP https://tatenofukushikai-kanoen.com/facility/spa/ 交 西高岡駅から車で3分 **ひとこと** お安い入浴料で2種類の源泉掛け流し。

86
氷見市

神代温泉（こうじろ）

天然温泉

珍しい高張性強塩泉高温泉が自噴する山里の湯

高岡市との境界にある氷見市神代地区。国道160号から山手に少し入った場所にある。戦後まもなくこの山里で石油採掘のボーリングがおこなわれ、勢いよく噴出したのは温泉だった。いまでも地下700メートルで泉温48℃のお湯が毎分32リットル、ポンプを使わずとも自噴するという。

創業昭和25年という歴史を感じさせる古い建物だ。

鉄イオン豊富なお湯はすぐに赤湯となる

設備は小ぢんまりとした湯舟ひとつと洗い場のみで、鍵付きロッカーや、備え付けの石鹸やシャンプーなどは無い。

泉質はナトリウム－塩化物強塩泉。溶存物質は20993㎎／ℓと「濃さ」でも県内屈指を誇る。鉄イオンが豊富なため、湯口では透明なお湯が、桶に取ると見る間に酸化して赤湯となる。

加水しない熱めのお湯は、長湯せずとも心地よい疲労が得られ、温泉マニアにはたまらないはず。

女将さんによれば、「泉質には自信があるので、できる限りこの温泉を守りたい」と言う。

いつまでも続いてほしい素朴な温泉だ。

雰囲気のある脱衣場

マニアをとりこにする神代温泉

使用水　天然温泉　療養泉　掛け流し　無加水　無加温
源泉　神代温泉　泉質　ナ・塩化物強
泉温　48℃
適応症　浴　きりきず　末梢循環障害　冷え症　うつ状態　皮膚乾燥症　一般的適応症

湯温　男　女　42℃（男女の入替はなし）
種類　内湯

営　開10:00　閉19:30　休　不定休　料　大600円　小300円
駐　10台　HP　なし　交　氷見駅から車で15分
ひとこと　湯質の良い、源泉掛け流しの自噴泉が自慢です

所　氷見市神代3021
☎　0766-91-1210

氷見温泉郷 総湯

天然温泉
サウナあり

グルメ・物産のスポットひみ番屋街の高張性温泉

能登半島の付け根に位置する富山県氷見市。豊かな海や山を背景に、レジャーや観光、海の幸などのグルメを楽しむスポットが点在している。その一つ、氷見漁港場外市場ひみ番屋街では、鮮魚・物販コーナー、飲食施設のほか、日帰り温泉施設「氷見温泉郷　総湯」が人気だ。

目の前が富山湾というロケーションの良さもさることながら、お湯はナトリウム－塩化物強塩泉の天然温泉で、「成分濃度の濃い」高張性温泉を提供する。

県内ではめずらしい高張性高温泉が特徴

浴場は建物2階にあり、男女湯とも暖簾の寒ブリが迎えてくれる。サウナや水風呂、機能風呂のほか、内湯と露天で温泉風呂が楽しめる。濃度が高いため、長湯はかえって良くないそうだ。ほどほどの時間でお湯から上がり体を休めよう。

晴れた日の露天風呂は潮風も感じられ、爽快感にあふれる。夏場に利用しても気持ちが良さそう。

源泉の湧出温度は65・5℃とかなり熱いため、浴用に適した温度に循環している。番屋街敷地内の足湯でも、無料で源泉掛け流しの同じ温泉を楽しむことができる。

夜遅くまでの営業もうれしい

海のすぐそば、ひみ番屋街敷地にある

使用水 天然温泉 療養泉 掛け流し 循環
源泉 氷見総湯温泉 **泉質** ナ-塩化物強
泉温 65.5℃ **適応症** **浴** きりきず 末梢循環障害 冷え症 うつ状態 皮膚乾燥症 一般的適応症
湯温 男 女 41.5℃
設備 シャン リンス ボディ 石鹸 鍵付ロ ドライ クシ 綿 冷
バリアフリー 椅子 スロープ
種類 大浴槽 露天 気泡 炭酸泉 水風呂 寝 サウナあり **高温ドライ** 電気
室温 男 女 90℃ **サ備** 水風呂
外気浴 男 椅子・女 ベンチ

所 氷見市北大町26-78
☎ 0766-74-2611

営 開 10:00 閉 23:00 終 22:00 土日祝 朝風呂7:00 休 年中無休 料 大 700円 小 300円 3 100円 駐 90台 HP https://himi-banya.jp/onsen/ 交 氷見駅から車で7分 **ひとこと** 泉質と富山湾の景観が見事です。

指崎温泉 湯の里いけもり

天然温泉 サウナあり

達人の秘湯宿に選定。近年サウナと宿泊施設も強化

氷見の里山の中に源泉をそのまま使った露天風呂。完全予約制のバレルサウナ施設も露天スペースにある

氷見の海に突き立つ史跡・阿尾城跡から、西に向かった山里の集落・指崎地区にある。源泉は氷見有磯温泉。先代から40年以上温泉民宿を経営している。

氷見地域の温泉は、地層の間に閉じ込められた化石海水を取水し、泉温はさまざま。湯の里いけもりも同様で、ナトリウム－塩化物泉で泉温は38・3℃と、中温の天然温泉だ。とろんとした質感がいつまでも肌にまといつくお湯は、一度入ったら強い印象を残す。「達人の秘湯宿64」に選ばれたというのも肯ける。

男女の浴室には、それぞれ内湯と露天風呂が、また完全予約制で、バレルサウナ（樽型サウナ）と水風呂がある。露天スペースは氷見の里山から地続きで、ぬるめのお湯に漬かりながら、日中は野鳥のさえずりや季節の樹々が、夜にかけては暮れていく荘厳な自然を肌で感じられる。

接客を切り盛りするのは女将の池森典子さん。気さくな笑顔で迎えてくれる。コロナ禍を機会に、別館の天座（AMAZA）を増築した。予約制の料理も定評がある。平日と週末では営業時間が違うので注意。

湯の里いけもりの内湯

どこか懐かしい風情の湯の里いけもり

使用水 天然温泉 療養泉 掛け流し 加温
源泉 氷見有磯温泉 泉質 ナ-塩化物
泉温 38.3℃ 適応症 浴 きりきず 末梢循環障害 冷え症 うつ状態 皮膚乾燥症 一般的適応症
湯温 内湯 41℃・露天 42℃
設備 シャン リンス ボディ ドライ 綿

バリアフリー 手すり
種類 内湯 露天 サウナあり 完全予約制 高温ドライ（バレルサウナ） 室温 男 80℃ 女 90℃
ロウリュ セルフ サ備 水風呂 外気浴 椅子

営 開 月火水 16:00 金土日 9:00 閉 月火水 19:00 金土日 20:00 休 木曜 料 大 700円 小 300円 駐 30台 HP https://himi-ikemori.com/ 交 氷見駅から車で15分 ひとこと「達人の秘湯宿」ベスト64に選ばれた名湯です。

所 氷見市指崎1632
☎ 0766-74-6123

89 氷見市

うみあかり別館 潮の香亭

天然温泉

泉質の良さとふんだんな湯量を誇る海のお湯

氷見市から海沿いの国道を北西へ向かうと宇波漁港そばの高台にある。

「潮の香亭」は、氷見岩井戸温泉「くつろぎの宿うみあかり」別館の日帰り湯専用施設として利用されている。木造仮小屋風の野趣あふれる建物に、男女湯とも広い岩風呂を設えている。

自家源泉から引くふんだんなお湯は、ナトリウム－塩化物泉。緑白色に濁っており舐めると塩辛い。ほとんど等張泉といって良いお湯の濃さだ。毎分120リットル以上の源泉が掛け流しで、湯船から常にだくだくとあふれている。泉温は54・2℃と高温泉で、これを無加水のまま浴用に適した温度にして提供する。(夏季のみわずかに加水)

洗い場はコンパクトだが、その分、湯舟は大きく取られている。利用者は「この場所は熱いね」「ここがちょうどいい」などと談笑しながら、自分好みの湯温の場所を見つけて寛いでいる。泉質の良さと豊かな湯量を楽しんでいるようだ。県外から日帰り利用で訪ねてくる人も多い。

潮の香亭の岩風呂。高張泉の温泉は利用者から好評

ライトアップして雰囲気も抜群

木造家屋の趣がなつかしい潮の香亭

使用水 天然温泉 療養泉 掛け流し 無加水 無加温

源泉 岩井戸温泉2号井

泉質 ナ-塩化物 泉温 54.2℃

適応症 浴 きりきず 末梢循環障害 冷え症 うつ状態 皮膚乾燥症 一般的適応症

湯温 男 女 41℃~41.5℃

設備 シャン リンス ボディ 鍵付ロ ドライ 冷 バリアフリー 椅子 手すり

種類 内湯

所 氷見市宇波10-1

☎ 0766-74-6100

営 開 9:00 閉 21:00 終 20:30 休 なし 料 大 660円 小 440円 3 220円 駐 30台 HP https://www.umiakari.jp/spa/#sec2 交 氷見駅から車で16分 ひとこと 高張性の豊富な源泉を掛け流ししています。

九殿浜温泉 ひみのはな

天然温泉
サウナあり

高台から虻ケ島を眼下に望む絶景の宿

露天風呂からは、迫力満天の立山連峰と富山湾を望む

灘浦海岸を北上し、大境洞窟を過ぎた高台にある温泉旅館「ひみのはな」。能登半島国定公園に位置し、富山湾の虻ケ島や定置網越しに洋上の立山連峰が一望できる。

旧国民年金保養センターの宿泊や宴会の事業を継承しつつ、「いっぷくせん館」のサービスで立ち寄り湯の対応もおこなう。「いっぷくせん館」の入館時間は午前10時から午後4時まで。初めての利用はまずフロントで会員証を作る。昼食希望の場合、別途料金で幕の内弁当や海鮮丼などを注文できる。ロッカールームから二階の浴場へ。宿泊客と共用だが利用時間が変わる。気泡風呂を備えた内湯と、海を見下ろすように露天スペースとサウナがある。

露天風呂はメインの岩風呂のほか壺湯や腰掛け湯があり、サウナルームのそばには水風呂が用意されている。温泉は敷地内の源泉から引き、毎分20リットル約47℃のナトリウム塩化物泉が常時浴槽に注がれる。さらに高機能な浄化システムを使い、加温はしつつも、ほぼ１００%の天然温泉という泉質の良さを誇る。能登観光の途中で寄りたい一軒だ。

ひみのはなの内湯

九殿浜温泉ひみのはな

使用水 天然温泉 療養泉 掛け流し 無加水 無加温 循環 源泉 九殿浜温泉 泉質 ナ-塩化物 泉温 47.6℃ 適応症 浴 きりきず 末梢循環障害 冷え症 うつ状態 皮膚乾燥症 一般的適応症
湯温 男 女 41℃
設備 シャン リンス ボディ ドライ クシ 綿 冷 他 (マッサージチェア)
バリアフリー 椅子 手すり
種類 大浴槽 露天 ジェット 気泡 超音波 水風呂 座 壺 サウナあり
高温ドライ 電気 室温 男 女 90℃
サ備 水風呂 外気浴

九殿浜温泉
ひみのはな
・栽培漁業センター
・国史跡 大境洞窟住居跡
160
氷見市
・小境海岸

営 開 10:00 閉 16:30 終 16:00 休 なし 料 1時間コース 大 550円 小 350円から 駐 80台 HP http://www.himinohana.jp/hanadokei.html 交 氷見駅から車で20分 ひとこと 美しい眺望と「美肌の湯」で名高い温泉です。

所 氷見市姿400
☎ 0766-79-1324

宮島温泉 滝乃荘（たきのそう） 天然温泉

宮島峡県定公園で滝と温泉に癒やされる

滝乃荘の大浴場

小矢部市を流れる子撫川の中流、稲葉山のふもとに「清流の里」として知られる宮島峡。一の滝、二の滝、三の滝と点在する小さな滝のうち一の滝近くにある温泉旅館が宮島温泉滝乃荘だ。宿泊メインだが、立ち寄り湯も受け入れている。

ロビー奥の長い廊下を抜けると浴場で、浴槽は露天風呂も含めて二つ。泉質は、カルシウム・ナトリウム－塩化物・硫酸塩泉。低張性・アルカリ性・高温泉で、44・4℃の源泉を1分に65リットル自噴している。露天風呂は全天候型で多角形の湯舟がユニーク。源泉を直接湯舟に落とし、掛け流しにしている。口に入れると、ほのかな塩味とかすかな苦味が感じられる。露天の垣根の向こうには庭が整備されていて、季節ごとの花や樹木が目に美しい。

食事処「湯道（ゆど）まる」でランチを取ることができる（日・祝日は要予約）。ゆっくりできる日には、稲葉山・宮島峡の観光や食事とセットに楽しんではどうだろう。滝の水量の多い春から夏にかけての季節をおすすめしたい。

露天風呂は多角形の湯舟がユニーク

滝乃荘エントランス

所 小矢部市名ケ滝378
☎ 0766-67-1122

使用水 天然温泉 療養泉 循環 **源泉** 宮島温泉 **泉質** カ・ナ-塩化物・硫酸塩 **泉温** 44.4℃ **適応症** 浴 きりきず 末梢循環障害 冷え症 うつ状態 皮膚乾燥症 一般的適応症 **湯温** 男 女 43℃ **設備** シャン リンス ボディ 石鹸 鍵付ロ ドライ 冷 他（貴重品ロッカー） **バリアフリー** 椅子 手すり **種類** 大浴槽 ジェット

営 朝 昼 開10:00 閉15:00 / 夜 開18:00 閉21:00 終20:00 休 不定休 料 大600円 小300円 駐 30台 HP https://www.takinoso.com/bath/ 交 石動駅から車で15分 ひとこと 心のこもったお料理が好評です。

庄川温泉 となみ野庄川荘 一萬亭

大提灯が目印。庄川の絶景を間近に望む

天然温泉
サウナあり

1978年の開館以来、勤労者保養センターとして親しまれてきた越中庄川荘が、2023年6月、「となみ野庄川荘 一萬亭」としてリニューアルオープンした。「庄川荘」と書かれた大きな提灯のあるエントランスが目印。

庄川の右岸に位置し庄川の清流を眼下にのぞみ、とくに岩づくりの大露天風呂からは砺波平野に流れ込む庄川のせせらぎや四季の自然を肌で感じることができる。

源泉は宿から約1キロ離れた砺波市庄川町青島の「庄川清流温泉」からお湯を引いている。

泉質は、含鉄－ナトリウム－塩化物・炭酸水素塩泉で、源泉の溶存物質は1000mg／ℓ以上の高張性泉。

湯上りはいつまでも体が温かく、高血圧や動脈硬化、切り傷、やけどなどの軽減も期待される。

サウナや水風呂もあり、設備は充実している。宿泊や食事も含めて楽しめる施設だ。

庄川河川敷を眺められる上品な設えの内風呂

清流の流れを感じる優雅な露天風呂

エントランスの大提灯が目印

使用水 天然温泉 療養泉 循環
源泉 庄川清流温泉
泉質 含鉄・ナ・塩化物・炭酸水素塩 泉温 22.3℃
適応症 浴 一般的適応症
湯温 男 女 41℃ 設備 シャン リンス ドライ 綿 冷

種類 内湯 露天 水風呂 サウナあり
高温ドライ 電気 室温 男 女 95℃
サ備 水風呂 外気浴 ベンチ

営 開11:00（15:00～18:30は宿泊者限定）閉20:00 終19:00 休 不定休 料 大750円 小400円（3歳以上300円）駐80台 HP https://breezbay-group.com/tonamino-imt/onsen/ 交 砺波駅から車で15分 ひとこと 開放感に満ちた露天風呂からの風景をお楽しみください。

所 砺波市庄川町庄4984-1
☎ 0763-82-5111

砺波市健康福祉施設 ゆずの郷 やまぶき

高齢者にもやさしい庄川河畔の美人の湯 天然温泉

ゆずの郷やまぶきの内湯

砺波市庄川地域は日本海側最北のユズの名産地。朝夕になると「庄川おろし」と呼ばれる風が吹き込むため、果皮が厚く香りの高いユズが育つという。そんな庄川ゆずをイメージし、庄川清流温泉を利用した健康福祉施設が「ゆずの郷 やまぶき」だ。入浴施設をはじめに、食事処や宴会場、近隣にパークゴルフ施設もある。

浴室は、比較的コンパクトで、清潔感のある明るい設え。男女の湯からは、庄川の流れや遠く医王山を感じることができる。コンパクトな露天風呂には、近隣で採取される「金屋石」を湯口に用い、縁台に上がれば河川敷を眺められる。「ゆずの郷」だけに、ユズエキス入りのシャンプーやボディーソープも備えられている。

源泉は庄川の中心地にある庄川清流温泉。含鉄－ナトリウム－塩化物・炭酸水素塩泉の高張泉で、湯上りは血行が良くなり、いつまでも体がポカポカ温まる美人の湯だという。

子どもから大人までリラックスした表情で入浴を楽しんでいる。地元が愛する日常使いの温泉施設といえるだろう。

ゆずの郷やまぶきの露天風呂

庄川河畔に立つゆずの郷やまぶき

使用水 天然温泉 療養泉 循環 加水 加温
源泉 庄川清流温泉
泉質 含鉄・ナ・塩化物・炭酸水素塩 泉温 25.7℃
適応症 浴 一般的適応症
湯温 男 女 41℃～42℃

設備 シャン リンス ボディ 鍵付ロ ドライ 綿 冷 他
バリアフリー 椅子 手すり スロープ
種類 内湯 露天

所 砺波市庄川町庄5134-1
☎ 0763-82-2321

営 開 9:00 閉 19:00 終 18:00 休 火曜（祝日は営業）・年末年始
料 大 510円 小 310円 駐 30台 HP https://shogawakyou.com/yamabuki/ 交 砺波駅から車で15分 ひとこと よく温まり、湯冷めしにくく、肌がスベスベになる泉質の良さが自慢のお風呂です。

庄川 湯谷温泉 天然温泉

ストイックなまでの源泉掛け流しを庄川に味わう

自然豊かな庄川峡の入り口、小牧ダムの下流に位置する湯谷温泉。当館は古くから湯治場として親しまれてきた。

100年以上前に開業した一軒宿で、当時の温泉旅館の趣と歴史の重みが感じられる。現在は日帰り入湯にのみ応じているが、秘湯ファンの人気は根強い。

専用の駐車場から坂道を下って玄関に入り、受付に500円の料金を置き、さらに長い階段を降りる。途中かまぼこ型のコンクリートに覆われ河道近くまで降りていくので足の弱い人は注意。

突き当たりで、男女の浴室が振り分けられ、脱衣室の脇が浴室となっている。浴室には洗い場はなく石鹸やシャンプーは使えない。掛け湯で体を清潔にしたら、山小屋の風呂のように湯船にドボンとつかるのみ。

庄川の河畔から自噴する大量のお湯は39℃で供され、加水も加温もない源泉掛け流し。無色透明でかすかに硫黄臭がする。湯上りの身体は非常に温まり、肌はすべすべになる。

秘湯感あふれるコンクリート造りの湯舟は100年前からのものを使用

長い階段の先に男湯女湯の案内がある

庄川峡の入り口にたたずむ湯谷温泉

使用水 天然温泉 療養泉 自然湧出 掛け流し 無加水 無加温

源泉 湯谷温泉 泉質 ナ・カ-塩化物

泉温 42.1℃ 適応症 浴 きりきず 末梢循環障害 冷え症 うつ状態 皮膚乾燥症 一般的適応症

湯温 男 女 39℃

種類 内湯

営 開9:00 閉17:00 終16:30 休 木曜（12月末〜3月上旬まで冬季休業）料 大500円 小無料 駐10台 交 砺波駅から車で20分

ひとこと 温泉浴室は大正時代からのものです。

所 砺波市庄川町湯谷235

☎ 0763-82-0646

法林寺温泉

天然温泉

福光のお国ことばを聴きながらゆったりつかる天然温泉

ナトリウム－硫酸泉・塩化物泉のお湯を求めて通うファンも多い

「けっこうなお湯やったよ」

顔見知りらしき客同士がなごやかに笑顔を交わす。旧福光町、麻生谷川の谷間にある一軒宿だ。

開湯50年の節目を超える温泉旅館だが、暮らしの中の日帰り温泉として、地元の利用者からも長らく愛されている。

ロビーの奥の厨子(ずし)には、地元・安居寺の観音が祭られ、これをはさんで、男湯と女湯が向かい合う。

大浴場の湯船に満ちるふんだんなお湯は、46・8℃で自噴するナトリウム－硫酸塩・塩化物泉の療養泉。無加水、無加温の源泉かけ流しの天然温泉で、つるりとした肌触りは気持ちよく、いつまでもぽかぽかと体が温かい。

小ぢんまりとした露天風呂は、近くに水のせせらぎが聞こえ、ちらちらと浮かぶ白い湯の花も風情がある。

金沢と富山を結ぶ県道27号金沢井波線沿い。版画家棟方志功とゆかりの深い旧福光町の古刹、光徳寺や、イワツツジ、ヤマツツジで有名なつつじケ池からも車ですぐ。国道304号沿いの福光美術館も近い。

小さな露天風呂で会話もはずむ

法林寺温泉は県道脇の小さな谷合にある

使用水 天然温泉 療養泉 掛け流し 無加水 無加温

源泉 法林寺温泉　泉質 ナ-硫酸塩・塩化物

泉温 46.8℃　適応症 浴 きりきず 末梢循環障害 冷え症 うつ状態 皮膚乾燥症 一般的適応症

湯温 男 女 41℃～42℃

設備 シャン リンス ボディ

種類 内湯 露天

所 南砺市法林寺4944

☎ 0763-52-4251

営 開8:00 閉21:00 終20:00 休元日 料 大550円 小250円 5 100円 駐40台 HP https://horinji.org/ 交福光駅から車で10分

ひとこと カラン、シャワーも温泉水を使用しているのが自慢です。

福光老人福祉センター 福光温泉

天然温泉 サウナあり

かつての塩硝の道の露天風呂が公共の湯に

福光温泉の歴史は古く、藩政期、金沢藩へ塩硝を運んだ道沿いに、露天風呂だけの温泉小屋が地域で利用されてきたという。

かつての道は今や金沢の湯涌につながる県道となり、温泉小屋も南砺市社会福祉協議会が運営する老人福祉センターとなった。

ただ変わらないのは訪れる人々がいるということだ。地元から愛され50年、幅広い世代が、日常の湯として親しみ、休日は金沢や石川ナンバーの車も立ち寄るそうだ。

建物は古いが手入れや清掃が行き届き、公共の湯としての配慮が隅々に感じられる。男湯、女湯とも広い湯船に広い洗い場、ガラスの天窓に囲まれ、晴れた日には外からの採光がたっぷり注ぐ。小さな低温のサウナも併設する。無色透明のお湯は、ナトリウム・カルシウム－塩化物・硫酸塩泉。硫酸塩泉は鎮静効果があり、動脈硬化症、切り傷、やけど、慢性皮膚病に良いとされる。源泉の泉温が31℃と低いため加温し、衛生を維持するためろ過している。

刀利ダムまで約5キロ、金沢湯涌まで約15キロ。ドライブがてら湯涌温泉とセットで楽しんでもよさそう。

行き届いた清掃で清潔な内湯

カルストを利用して作られた低温のサウナ

月に１回企画湯をする福光温泉

使用水 天然温泉 療養泉 掛け流し 無加水 加温 ろ過 燃料 重油 源泉 福光温泉
泉質 カ・ナ－塩化物・硫酸塩 泉温 31℃
適応症 浴 きりきず 末梢循環障害 冷え症 うつ状態 皮膚乾燥症 一般的適応症
湯温 男 女 40.5℃ ～ 41.5℃ 設備
シャン リンス ボディ 鍵付ロ ドライ
バリアフリー 椅子 手すり スロープ
種類 内湯 サウナあり カルストーン
室温 男 女 60℃

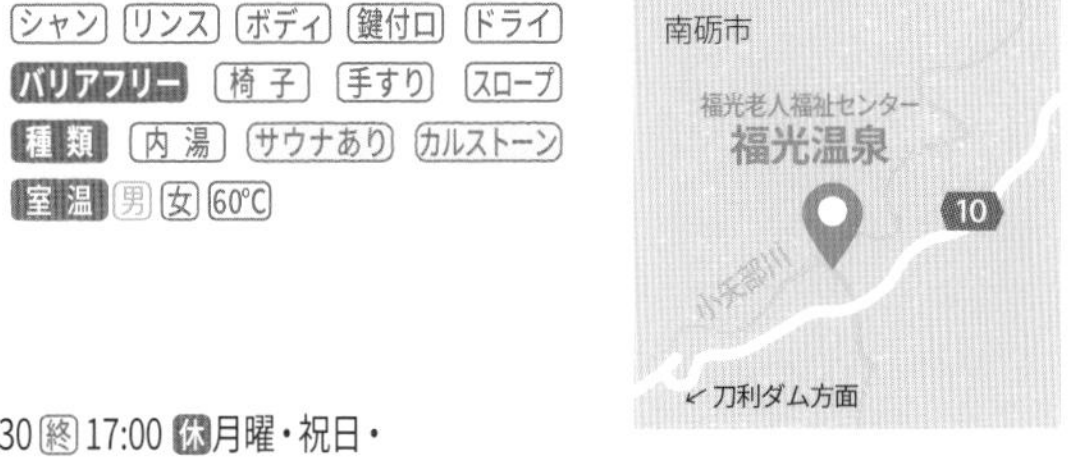

営 開 9:30 閉 18:30 終 18:00 ／日 閉 17:30 終 17:00 休 月曜・祝日・お盆・年末年始 料 大 600円 小 300円 駐 60台 HP https://nanto-shakyo.jp/pages/107/ 交 福光駅から車で17分 ひとこと 泉質の良さが自慢です。

所 南砺市綱掛６６
☎ 0763-55-1136

ぬく森の郷

天然温泉

吾妻建の温泉施設で露天風呂に身をひたす

岩造りの露天風呂

棟方志功ゆかりの福光の町から県道27号金沢井波線を走る。医王トンネルを金沢方面へ抜けてすぐ、谷を見下ろすような寄棟造りの大屋根が目印だ。

施設の外観は、砺波地方の散居村に見られる「吾妻建（アズマダチ）」でどこか懐かしい。玄関に入ってまっすぐ奥に男女の浴室がある。源泉名は福光小又温泉。もともとは上下水道工事の調査中にお湯が出たことから、本格的な温泉開発をおこなったという。泉温45・1℃のアルカリ性単純温泉を加水なしで提供している。

ぬく森の郷の自慢はなんといっても岩造りの露天風呂。県内最大級の広さを誇る。源平の戦いで知られる倶利伽羅山や、石川県との県境から能登半島にのびる宝達山を眺めつつ、四肢を伸ばして湯船につかるひとときは、なによりの贅沢。脱衣場から直接出入りもでき、屋根付きの洗い場があるのもうれしい。

浴場、宴会場、レストラン、産直品の売店などを併設する複合施設。休憩用に貸切の部屋やリラクゼーションのための各種サービスを予約することもできる。

のれんの向こうは湯けむり

重厚な外観の「ぬく森の郷」

ぬく森の郷
27
南砺市
法林寺温泉
福光市街方面→

使用水 天然温泉 療養泉 掛け流し
源泉 福光小又温泉 泉質 アルカリ性単純
泉温 45.1℃ 適応症 浴 自律神経不安定症 不眠症 うつ状態 一般的適応症
湯温 男 女 41℃

設備 シャン リンス ボディ 鍵付ロ ドライ
バリアフリー 椅子 手すり
種類 大浴槽 露天

所 南砺市小又331番地
☎ 0763-58-8008

営 開 9:00 閉 22:00 終 21:30 休 火曜（祝日の場合は翌日）・元日・臨時休館日 料 平日 大 650円 小 350円（3才以上の未就学児は100円）土日祝 大 750円 駐 130台 HP https://www.nukumori-nanto.jp/ 交 福光駅から車で12分 ひとこと 開放感のある露天風呂が自慢です。

桜ヶ池クアガーデン

天然温泉
サウナあり

800 本の桜が彩る桜ヶ池とハイウェイオアシスに隣接

しっとりと落ち着いた内湯とガラス戸を挟んで明るい露天風呂

東海北陸自動車道城端ＳＡのハイウェイオアシスに隣接する。オーベルジュスタイルのホテルで、宿泊のほか、食事や温水プール（温泉バイタルプール）・サウナ・日帰り風呂などの施設を有し、温泉による療養と健康増進を目指している。

日帰り風呂の更衣室は、温水プール利用者との共用で、浴場は黒が基調のシックで落ち着いた雰囲気。大きなガラスをはめた窓からは、露天の岩石風呂のあるテラスを眺めることができる。サウナは温水プール施設の方にあり、プール料金が必要。

泉質はナトリウム・カルシウム－塩化物泉でやけど、きりきず、慢性皮膚病などによいとされる。湯量と温度調節のため加水加温している。衛生管理も行き届き気持ちよく利用できる。

ランチタイムは清掃のため、男女各30分ずつ使用できなくなるので注意が必要。

ハイウェイオアシスは、８００本の桜と４００株のツツジで有名な桜ヶ池のほとりにある。周辺散策の折に、また長距離運転の疲れを癒やすためにも、利用できそうだ。

落ち着いた雰囲気の休憩スペース

オーベルジュレストランの桜ヶ池クアガーデン

使用水 天然温泉 療養泉 循環 **源泉** 桜ヶ池温泉 **泉質** ナ・カ-塩化物 **泉温** 37.2℃ **適応症** 浴 きりきず 末梢循環障害 冷え症 うつ状態 皮膚乾燥症 一般的適応症 **湯温** 男 女 40℃ **設備** シャン リンス ボディ 鍵付ロ ドライ 綿 **バリアフリー** 椅子 手すり **種類** 大浴槽 露天 ◉ 併設のプール施設内に、サウナあり ※水着着用、料金別途 **高温ドライ** ガス **室温** 男 女 80℃ **サ備** 水風呂 外気浴 椅子 他（デッキチェア3台）

営 開 6:00 閉 22:00 終 21:30（12:00-13:00 は清掃のため男女 30 分ずつ利用不可）休 年中無休 料 大 700 円 小 350 円（各割引制度あり）駐 100 台 HP https://sakuragaike.co.jp/ 交 城端 SA すぐ **ひとこと** 城端サービスエリアと桜ヶ池に隣接するホテルです。

所 南砺市立野原東１５１４
☎ 0763-62-8181

99 南砺市

五箇山温泉 五箇山荘

天然温泉 サウナあり

合掌の里を一望できる人気の温泉施設

国道156号を庄川沿いに南進するとやがて「こきりこの里」と書かれたアーチをくぐる山峡の集落に出る。合掌造りで有名な越中五箇山の上梨地区だ。このあたりには仏教伝来以前の舞踊の面影を残す古代民謡「こきりこ節」や、平家落人が逃れて住んだという伝承が伝わる。

国民宿舎・五箇山荘は、そこから庄川を渡って坂道をのぼった高台にある。源泉・五ケ山温泉の由来も「人形山」の雪形の悲しい伝説に彩られている。

山城をイメージさせる五箇山荘の内湯

日帰り入浴の入館開始は午後1時からで、利用料はフロントで払う。ロビーの脇に伸びる廊下の先に浴室がある。男女の浴場を仕切る壁はどこか城郭の櫓（やぐら）を思わせる風情。広々と視界の開けた露天風呂からは上梨の集落などが見下ろせ、2〜3人が入れるサウナと水風呂もある。

泉質はアルカリ性単純温泉で泉温は33℃。林業の盛んな南砺市ならではの、木材を再生利用した薪ボイラーで加温している。施設近くには流刑小屋や国指定重要文化財「羽馬家」住宅もある。入浴の前後に訪れるのもいいだろう。

風光明媚な露天風呂

外観もリニューアルした五箇山荘

相倉合掌集落↗方面
庄川
156
上梨集落・
五箇山温泉 五箇山荘
南砺市

使用水 天然温泉 療養泉 掛け流し 循環
源泉 五ヶ山温泉 泉質 アルカリ性単純
泉温 33℃ 適応症 浴 自律神経不安定症 不眠症 うつ状態 一般的適応症
湯温 男 女 42℃ 設備 シャン リンス ボディ 鍵付ロ ドライ 綿 冷
バリアフリー 椅子 手すり スロープ

種類 内湯 露天 水風呂 サウナあり
高温ドライ 電気 室温 男 女 45℃
サ備 水風呂

所 南砺市田向333-1
☎ 0763-66-2316

営 開 13:00 閉 20:00 終 19:30 休 水曜 料 大 600円 小 300円（3才以上100円）駐 40台 HP https://www.gokasansou.com/ 交 自家用車推奨 ひとこと 世界遺産合掌造り集落に近い宿を堪能ください。

くろば温泉

天然温泉
サウナあり

世界遺産・五箇山のダム湖畔にわくのんびり日帰り湯

小原ダムを見下ろせるくろば温泉の内湯

庄川の小原ダム湖畔にたたずむ、くろば温泉は1989（平成元）年に開業した日帰り温泉施設。近隣には、世界文化遺産の菅沼合掌集落がある。

樹のぬくもりを感じるロビーから直接男女の浴室につながる。内湯の浴槽は深さが三段に分かれ、好みで、座位、中腰、肩までの入浴ができる。泉質はナトリウム・カルシウム－硫酸塩・塩化物泉の弱アルカリ性。さらっとしながら、いつまでもあたたかさが残る。加温には地元の木材を再利用した薪ボイラーを使用しているという。岩造りの露天風呂からは小原ダムを間近に見おろせ、湖畔を縁取るナラやサクラの木々が自然の目隠しとなっている。サウナは6～7人を収容し、温度は約90℃。そばにはたっぷり水を張った水風呂が完備。休憩できそうな赤御影石のベンチもあり、ボタンを押すと座面にシャワーが流れ出す。

お風呂を出たら広い畳敷の休憩室でのんびり過ごそう。カヌー施設やオートキャンプ場のある桂湖も近い。レジャーや観光との組み合わせで楽しめる施設だ。

木漏れ日の中、のどかな露天風呂

くろば温泉は菅沼集落のすぐそばにある

使用水 天然温泉 療養泉 掛け流し 加温 循環
源泉 くろば温泉 泉質 ナ・カ-硫酸塩・塩化物
泉温 35.3℃ 適応症 浴 慢性消化器病 じ病 婦人病 末梢循環障害 冷え症 皮膚乾燥症 一般的適応症
湯温 男 女 42℃

設備 シャン リンス ボディ 石鹸 鍵付ロ ドライ クシ 綿
バリアフリー
種類 大浴槽 水風呂 座 サウナあり
高温ドライ 電気 室温 男 女 94℃
サ備 水風呂 外気浴

営 開 10:00 閉 21:00 終 20:30 休 火曜 料 大 600円 小 300円 駐 50台 HP https://gokayama-kankou.com/places/147/ 交 城端駅から車で30分 ひとこと 世界遺産五箇山の景観と泉質の良さが自慢です。

所 南砺市上平細島1098
☎ 0763-67-3741

読み物❸ 温泉と療養泉の入り方
からだによい温泉入浴法とは？

富山県の温泉地は66カ所。石川の53カ所を超えて北陸三県でもっとも多く、温泉資源に恵まれた土地だといえる。

国は温泉の中でも病気の症状改善や健康回復に適応する温泉を「療養泉」と定め、「禁忌症」「適応症」なども併せて策定している。近年では2014年に、最新の医学的知見や科学的根拠を踏まえて大規模な改訂をおこなった。

ここでは富山県内で日帰り利用できる療養泉や、からだによい温泉入浴の方法も見ていこう。

表1　療養泉の定義

1. 温度（源泉から採取されるときの温度）摂氏 25 度以上
2. 物質（下記に掲げるもののうち，いずれかひとつ）

物質名	含有量（1 kg 中）
	mg 以上
溶存物質（ガス性のものを除く）	総量　1,000
遊離二酸化炭素（CO_2）	1,000
総鉄イオン（$Fe^{2+}+Fe^{3+}$）	20
水素イオン（H^+）	1
よう化物イオン（I^-）	10
総硫黄（S）［$HS^- + S_2O_3^{2-} + H_2S$ に対応するもの］	2
ラドン（Rn）	30×10^{-10} Ci=111 Bq 以上（8.25 マッヘ単位以上）

日本には多くの温泉があり、古くから「湯治」といって、病気やケガの療養をする「温泉療養」がおこなわれてきた。

温泉療養には、①**温熱作用**、②浮力・水圧・粘性抵抗などの**物理作用**、③含有物質による**化学作用**などのほか、④温泉地のある海洋・山地・森林など、ふだんと環境を変えることで気分がよくなるといった**環境作用**があるとされる。

温泉療養の「禁忌症」とはなに？

温泉療養をおこなってもよい病気やケガの症状を**「適応症」**という。一方で温泉療養をしてはいけない病気や症状もあり、これは**「禁忌症」**と呼ばれる。

急性炎症性疾患や、急性感染症、重度のがん、糖尿病、血液性疾患、重い腎臓病、出血時や、妊娠初期や後期などは、すべての温泉の禁忌症だ。また、心肺に疾患のある人、息苦しさがある時も、温泉入浴はできるだけ避けておきたい。温泉の種類によっても「禁忌症」があるので入浴する前に知っておこう。

「療養泉」の温泉療養

温泉のうち、病気の症状回復や心体を休めるのに適したものを**「療養泉」**という。療養泉は、

①源泉から採取されるときの温度が摂氏25℃以上であること

②法律で定められた物質の含有量が、一定の量以上あること（前ページ表1）

と国が定めている。また療養泉は含まれる物質（**溶存物質**）の主成分によって分類され、それぞれに泉質名がつく。

一般的な適応症のほかに、それぞれの泉質によって適応する症状（泉質別適応症）や禁忌症（泉質別禁忌症）があり、含有物質による禁忌症もある。療養泉の禁忌症や適応症は飲用についても定められている。富山県内で飲用に適した療養泉は少なく、専門知識のない人はむやみに飲用しない方が安全だそうだ。また療養泉を病気療養に利用する際には専門知識をもつ医師に相談するのが望ましい。

適応症とは、温泉療法をおこなってもよい**病気やケガの症状**

禁忌症とは、温泉療法をおこなってはいけない**病気やケガの症状**

表2　泉温による分類
温泉が、地上に湧出したときの温度、採取したときの温度を泉温という。温泉は泉温により次のとおり分類されている。

名称	泉温
冷　泉	25℃未満
低温泉	25℃～34℃
温　泉	34℃～42℃
高温泉	42℃以上

表3　液性による分類
温泉の液性を湧出時のpH値により次のとおり分類する

名称	液性
酸性	pH3 未満
弱酸性	pH3 ～ 6
中性	pH 6 ～ 7.5
弱アルカリ性	pH7.5 ～ 8.5
アルカリ性	pH8.5 以上

表4　浸透圧による分類
温泉の浸透圧を溶存物質（ガス性のものを除く）によって次の通り分類する

名称	溶存物質 mg/kg
低張性	8000 未満
等張性	8000 ～ 10,000
高張性	10,000 以上

表5　富山県のおもな療養泉と供用施設　（1/2）

分類		療養泉の泉質名	適応症（浴用）	温泉地名	供用施設名
単純温泉	単純温泉	単純温泉	自律神経不安定症、不眠症、うつ状態	宇奈月温泉	(72)とちの湯
					(73)湯めどころ宇奈月 ほか
				香野苑温泉	(85)グランスパかの苑
				小矢部温泉	(64)天然温泉風の森
				黒薙温泉・鐘釣温泉・地獄谷温泉・高岡岩坪温泉・天涯の湯・立山温泉ほか	
	アルカリ性単純温泉	アルカリ性単純温泉		上市町湯上野温泉	(76)アルプスの湯
				立山吉峰温泉	(78)ゆ～ランド
				福光小又温泉	(97)ぬく森の郷
				五箇山温泉	(99)五箇山温泉五箇山荘
				剣の湯	(58)御宿野乃
				長八温泉	(79)ゆくりえ
				大長谷温泉	(83)大長谷温泉
				庄川峡長崎温泉・天竺温泉ほか	
塩類泉	塩化物泉	ナトリウム－塩化物泉	きりきず、末梢循環障害、冷え性、うつ状態、皮膚乾燥症	香野苑温泉2号井	(85)グランスパかの苑
				新湊温泉	(59)海王
				太閤山天然温泉	(60)太閤の湯
				九殿浜温泉	(90)ひみのはな
				岩井戸温泉	(89)潮の香亭
				氷見有磯温泉	(88)湯の里いけもり
				川合田温泉	(66)川合田温泉／サウナ部
				水橋温泉	⑨ごくらくの湯
				春日温泉	(80)ゆーとりあ越中 ほか
				日方江温泉、氷見灘浦温泉元湯、ひみ阿尾の浦温泉、氷見温泉、華山温泉 ほか	
		ナトリウム－塩化物強塩泉		氷見総湯温泉	(87)総湯
				神代温泉	(86)神代温泉
		ナトリウム・カルシウム－塩化物泉		萩の湯	⑫萩の湯温泉
				牛岳温泉	(84)牛岳温泉健康センター
				角間温泉	(82)ゆうゆう館
				八尾ゆめの森温泉	
				湯谷温泉	(94)湯谷温泉旅館
				桜ヶ池温泉	(98)桜ケ池クアガーデン
	炭酸水素塩泉	ナトリウム－炭酸水素塩泉		立山山麓温泉	(81)楽今日館 ほか

そのほかの温泉の分類

療養泉は、泉質名のほかにも、源泉で採取された時の泉温、pH、浸透圧にしたがった分類がある。これらの違いが、温泉の性質に特徴を与え、千差万別の個性を与えている。

泉温による分類（前ページ表2）

温泉が地上に湧出したときの温度、採取したときの温度により分類する。

pH（液性）による分類（前ページ表3）

液性を湧出時のpH値により分類する。

皮膚や粘膜の敏感な人、高齢者の皮膚乾燥症の人は、肌に悪影響があるため、酸性泉や硫黄泉は避けた方がよい。

浸透圧による分類（前ページ表4）

浸透圧を溶存物質（ガス性のものを除く）の量により分類する。高張性温泉はいわゆる「濃い温泉」だ。

上手な温泉の入り方

温泉入浴には効果的な入り方と、健康上の注意点がある。上手な温泉入浴の手順を知ろう。

効果的な入り方

①入浴前には、血圧の急上昇を避けるため手足から全身に掛け湯をしよう。

②浴槽に入るときは体が慣れるまで、半身浴をしよう。部分浴でも効果的だ。

③身体についた温泉成分を残すため、入浴を終えたときには洗い流さずタオルで拭き取ろう。↖

（2/2）

分類		療養泉の泉質名	適応症（浴用）	温泉地名	供用施設名
塩類泉	硫酸塩泉	ナトリウム - 硫酸塩泉	きりきず、末梢循環障害、冷え性、うつ状態、皮膚乾燥症	神通峡温泉	(81)楽今日館
		カルシウム・ナトリウム - 硫酸塩泉		新五箇山温泉	(68)ゆ〜楽
				赤尾館、五箇山合掌の里 ほか	
	複合型	ナトリウム - 塩化物・硫酸塩泉		法林寺温泉	(95)法林寺温泉
		ナトリウム・カルシウム - 塩化物・硫酸塩泉		福光温泉	(96)福光温泉
				大牧温泉 ほか	
		ナトリウム・カルシウム - 硫酸塩・塩化物泉		大岩不動の湯	⑥大岩不動の湯
				くろば温泉	(100)くろば温泉
		カルシウム・ナトリウム - 塩化物・硫酸塩泉		宮島温泉	(91)滝乃荘
特殊成分を含む療養泉	単純温泉	単純硫黄温泉	アトピー性皮膚炎、尋常性乾癬、慢性湿疹、表皮化膿症	亀谷温泉	⑧白樺の湯 ほか
		アルカリ性単純硫黄泉		粟巣野温泉	
		単純酸性温泉		地獄谷温泉	みくりが池温泉
		単純硫黄温泉（硫化水素型）	アトピー性皮膚炎、尋常性乾癬、慢性湿疹、表皮化膿症、末梢神経障害	地獄谷温泉	雷鳥沢温泉
				高天ケ原温泉	
	塩類泉	含硫黄 - ナトリウム・カルシム - 塩化物泉（硫化水素型）		金太郎温泉	(75)カルナの湯
		含鉄 - ナトリウム - 塩化物・炭酸水素塩泉	きりきず、末梢循環障害、冷え性、うつ状態、皮膚乾燥症	庄川清流温泉	(65) 37BASE (92)となみ野庄川荘 (93)ゆずの郷
		含鉄Ⅱ - 硫黄・ナ・塩化物		鯰温泉３号井	⑭鯰温泉
		含鉄（2,3） - ナトリウム・カルシウム・マグネシウム - 塩化物冷鉱泉		鯰温泉５号井	⑭鯰温泉

④発汗で体内の水分は少なくなっている。水分補給は十分におこなおう。

⑤温泉入浴には「分割浴」が効果的だ。

・まずは、3〜10分の入浴を1〜2回

・慣れてきたら15〜20分の入浴を2〜3回

一度に長くお湯につかるよりも、汗ばむぐらいでいったん出て、すこし冷ましてから入る方が、体の芯まで温まるそうだ。

⑥頭に濡れたタオルをのせるのもよい。

冬の露天風呂では、熱いお湯に浸したタオルをのせるとヒートショックを避ける効果がある。夏の露天風呂や内湯では、冷たいタオルを頭にのせると、のぼせや熱中症を避ける効果がある。

入浴時に心がけたいこと

健康のため、食事の直前直後や運動後30分以内は、温泉入浴を控えた方がよい。飲酒後の入浴は、酔って溺れる危険があるため厳禁だ。

また、子どもやお年寄り、体の不自由な人は危険なので、ひとりで入浴しないよう周りの人が気をつけてあげてほしい。

また、どの共同湯でも共通して言えることだが、入浴時のマナーには十分に気をつけたい。

湯あたりに注意しよう

温泉療養中や、入浴の数日後に、「湯あたり」といって、気分が不快になったり、胃痛や下痢など消化器症状や、皮膚症状などが現れたりすることがある。こうした症状が出たら温泉療養は中止するか、回数を減らして様子を観察しよう。

読み物❹

知ってるつもりで実は知らない温泉ができるまでの秘密

日本は世界でもまれに見る温泉大国だ。古くは飛鳥時代から湯治の記録がある。日本人が日頃、入浴を楽しんでいる温泉とは、どのように生成された、どのような水を指すのだろうか。また近年、各地の温泉供給が危ぶまれているのはどうしてなのだろう。

ここでは、温泉が地上にわき出すまでの長い道のりと、温泉文化の歴史を眺めながら、持続可能な温泉ライフについて考えてみよう。

温泉とは何か

水は雨や雪として地上に降ったあと、河川となって海に注ぐ、あるいは、ゆっくり地中にしみ込んでいく。こうして地中にしみ込んだ水は、何年もかけた後、ふたたび地上にゆう出する。わたしたちは地球の水の循環の中で生きているのだ。

実は温泉も地球を循環する水である。たとえば雨水が地中深くもぐり込んで、地下水となり、数年から数万年のうちに熱や特定の成分を帯びて、地上にわき出た泉水を温泉と呼ぶ。または海水であっても、なにかの理由で地中に閉じ込められ、その後、地表にゆう出した場合は、温泉として扱われている。

温泉が生成されるまで

温泉が生成する過程に、必要な要素が三つある。一つ目は言うまでもなく「水」つまり「水源」である。二つ目が「熱源」。そして最後に、温泉が地上までゆう出するための「通路」である。

温泉は、熱源が何かによって、大きく分類される。

まず火山帯において、地下深部から上昇してくる高温のマグマが熱源となった温泉は、「火山性温泉」と呼ばれる。時には、マグマのガス成分や、溶けた岩石のミネラルが、温泉の成分に影響を与えることがある。

次に火山の影響のない温泉は「非火山性温泉」と呼ばれる。

非火山性温泉は、さらに水源が「地下水」か「海水」かで分類される。前者は「深層地下水型」、後者は「化石海水型」と呼ばれる。

一般に、火山帯でない場所では、地下100メートル深くなるにつれて、地熱は約3℃上昇していく。「深層地下水型」温泉は、地下水が地熱の影響を受けたり、火山ではないが高温岩帯の熱の影響を受けたりして、地上にゆう出したものを指す。

この時、ゆう出するまでの通路の土壌や岩石の成分が、温泉の泉質に影響を与えることがある。

また「化石海水型」の温泉は、地殻変動などにより、海水が岩体の中に閉じ込められ化石海水となり、その後、ゆう出したものを指す。地熱の影響を受けなければ低温のままだが、海水由来の塩分を多く含むため、温泉に分類される。

富山県内には、温度や泉質の多様な温

温泉の生成に必要な要素

① 水　源
② 熱　源
③ 通　路

温泉の生成過程による分類

A 火山帯においてマグマなどが熱源

火山性温泉

B 火山の影響を受けない温泉

非火山性温泉

・水源が地下水

深層地下水型

・水源が海水

化石海水型

ゆう出の仕方による温泉の分類

自然にお湯がわき出る温泉

自然ゆう出泉

掘削で生じた穴から自噴する温泉

掘削自噴泉

人為的な動力で強制的に
くみ上げる温泉

掘削動力揚水泉

泉が存在する。これは富山の温泉がある地域の地質や、火山や地熱地帯の分布の仕方が反映されている。

富山県内の温泉は、泉源の地質、深さ、熱源の性質、泉質などの特徴によりいくつかのタイプに分けられる。（下の表を参照）

ゆう出の違いで分類も

さらに温泉は、地上までの通路の違いや、ゆう出の仕方によっても、呼び方が変わる。岩の割れ目などから、もともと自然にお湯がわき出していた「自然ゆう出泉」や、ボーリングなどの掘削で生じた穴から自噴する「掘削自噴泉」。さらには、自然噴出する力がないため、ポンプなどの揚送機を用い、お湯を人為的な動力で強制的に汲み上げる「動力揚水泉」がある。

火山がある北アルプスには、自然ゆう出している火山型温泉が多くある。富山県内でよく知られるのは、立山地獄谷や新湯などの温泉だ。また黒部川上流の河原から自然ゆう出する黒薙温泉がある。

富山県の温泉の特徴

	タイプ	特　徴	泉　質	泉　温	該当温泉
1	新第三紀堆積物の中・下位にあるタイプ	県内で最も多いタイプ。取水深度は700～1,000 m	複合型	約 30 ～ 60℃	牛岳温泉 金太郎温泉 黒部川明日温泉
2	年代の新しい花崗岩・流紋岩と地熱地帯の組み合ったタイプ	湯量が豊富で、自然ゆう出	単純温泉	60℃以上	宇奈月温泉 黒薙温泉
3	花崗岩と化石海水の組み合ったタイプ	地下 500 ～ 800 m にある化石海水を取水	ナトリウム - 塩化物泉	約 30 ～ 60℃	岩井戸温泉 氷見有磯温泉 ひみ阿尾の浦温泉
4	平野地域の化石海水を利用するタイプ	地下深部の地熱が熱源。取水深度は、1,200 ～ 2,000m	ナトリウム - 塩化物泉	40℃前後	水橋温泉 国際健康プラザ温泉
5	飛騨帯の変成岩や花崗岩地帯にあるタイプ	岩盤の割れ目に存在する地下水を取水。取水深度は 1,000m 以上。熱源は地熱	複合型	約 30 ～ 50℃	大牧温泉 亀谷温泉 栗巣野温泉
6	火山活動に起因するタイプ	ガスや水蒸気が噴出する噴気孔に地表水等が浸水したもの	酸性泉	約 60 ～ 70℃	地獄谷温泉

出典：富山県の温泉（富山県厚生部生活衛生課）

温泉文化の歴史と富山

日本では古来、保養や療養を目的に、温泉という資源を広く活用してきた。「風土記」や、わが国最古の国史である「日本書紀」には、飛鳥時代の温泉の記録がすでに見られる。たとえば道後温泉（伊予の湯）には聖徳太子や舒明天皇が来浴し、白浜温泉（紀の湯）は、孝徳天皇の子・有間皇子（のちに謀反の罪で処刑）に愛され、皇子みずから斉明天皇に湯治を勧めた（658年）などとある。

富山県でも温泉文化の歴史は古く、富山市山田村にあるもっとも古い源泉は、1300年前まで時代をさかのぼるという。

その後、中世から戦国時代にかけては、公家や、僧侶、武士などにも湯治の習慣が広まっていく。全国に弘法大師（空海・仏教真言宗の開祖）が開いた湯や、武田信玄や上杉謙信といった武将たちの隠し

勢いよく噴き上がる宇奈月温泉の源泉・黒薙温泉（黒部市）＝自然ゆう出泉

氷見総湯温泉＝動力揚水泉の掘削工事（2011 年ごろ）

人体に有害なガスを含んだ水蒸気を噴き上げ、立ち入り禁止となっている立山の地獄谷（立山町）＝火山型温泉

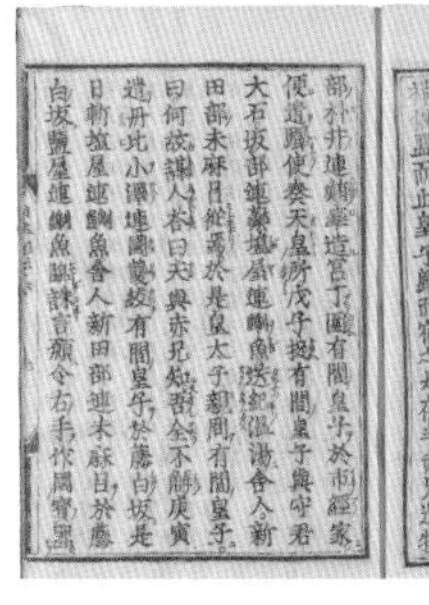

有間皇子の湯治について記されている「日本書紀」（国立国会図書館蔵）

湯などの伝承が残る。

富山県では、新川地区が戦国武将の攻防の地だったからか、黒部市の生地温泉は「謙信の隠し湯」と呼ばれている。また常願寺川上流にかつて存在した立山温泉には、佐々内成政がザラ峠越えした際に入湯したとも伝わる。

加賀藩と立山温泉

近世に入ると、庶民の湯治が盛んになっていった。越中富山においても山の奥にわき出る温泉が、夏の農閑期、疲れを癒やすために利用されたようだ。

江戸後期には、物見遊山を兼ねた湯治も増えていった。湯治が目的であれば、関所の通過が容易だという背景もあるようだ。とくに箱根温泉の人気は高まり、観光ガイドブック「七湯の栞」が刊行されるほどだった。

こうした流れを受けて、加賀藩も藩の産業政策として温泉振興を強化した。富山では、前述の立山温泉に各地からの湯治客があり、湯元は藩に一定の運上銀（税の一種）を納めていた。通いやすい新道が開削され、藩がそれまで禁制だった女人の湯治を許したため、立山温泉の湯治客はさらに増えていった。

限りある資源、温泉を大切に

明治になって、国内の往来が自由になると、温泉の人気はさらに高まった。交通機関の発達につれ、観光や行楽を目的とする大勢の旅行者が都市から地方へ訪れた。

宿屋から外湯に出かける共同湯の時代には、自然ゆう出の源泉でも湯量がまかなえたが、内湯となると各旅館に大量の温量を短時間で供給することが必要だった。全国各地で大規模な温泉開発が進み、大正・昭和時代には、機械を使った掘削や、動力によるくみ上げが導入された。その結果、湯量の減少や泉質の変化、温度の低下が危惧されるようになった。

1948（昭和23）年、国は「温泉法」を定めた。有限な自然資源の温泉を濫掘・濫採から守り利用の適正をはかる法律である。これにより、新たな採掘と供給には、都道府県知事の許可が必ず必要となった。温泉法はその後も見直され、現在は環境省が適正な温泉利用のための施策をおこなっている。

過去何度かの温泉ブームを経験したわたしたちだが、温泉はけっして無限ではない、枯渇するかもしれない資源ということを忘れたくない。いま温泉を利用する側、提供する側の双方で、有効に使う方法が模索されている。

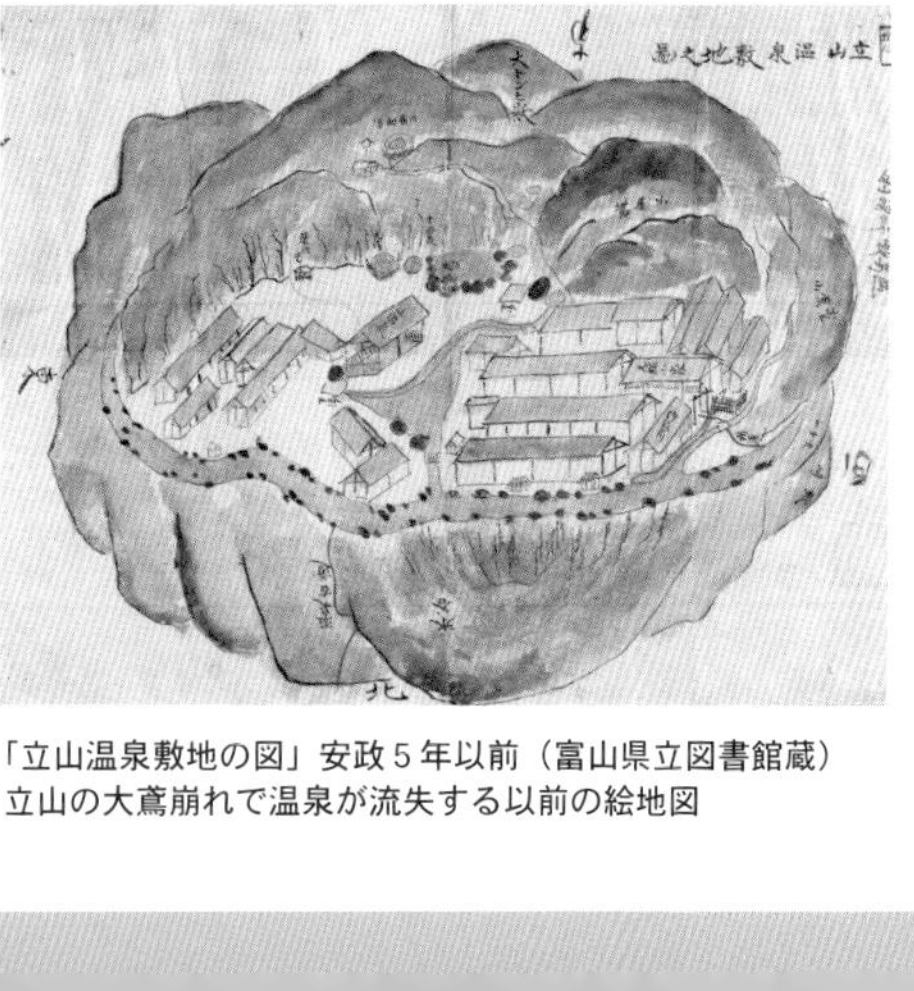

「立山温泉敷地の図」安政５年以前（富山県立図書館蔵）
立山の大鳶崩れで温泉が流失する以前の絵地図

富山県の源泉と泉質

富山県の主な源泉と泉質、湧出量、泉温、pH、溶存物質量、および利用許可施設を示しています。療養泉に該当しない温泉は、泉質名の欄に「なし」と記載し、その後に温泉に適合する物質名を併記しています。丸付き数字の施設は本書掲載施設です。

一部、くみ上げ施設の不具合や運営移管などによる提供停止中の源泉についても資料として記載しています。

市町村	温泉地名	源泉の湧出地点	泉質名	湧出又は揚水量（L/分）	深さ（m）	泉温（℃）	pH	溶存物質（mg/kg）	利用許可施設の名称
朝日町	たから温泉	朝日町境字大谷	ナトリウム・カルシウム-塩化物泉	動力揚水 101.0	1,200	48.5	7.09	12620	たから温泉
	小川温泉	朝日町山崎字温田瀧の谷盛上谷	ナトリウム-塩化物・炭酸水素塩泉	自然湧出 420		53.5	6.79	1307	㊾ホテルおがわ
黒部市	黒部温泉	黒部市窪野字大源寺	ナトリウム・カルシウム-塩化物泉	掘削自噴 115	1,092	26.4	7.7	7105	黒部温泉病院、黒部温泉デイサービスセンター
	黒部川明日温泉	黒部市宇奈月町明日	ナトリウム-炭酸水素塩・塩化物泉	動力揚水 380.0	688	46.4	7	3220	⑰ふなみの湯、⑪バーデン明日、舟見リバーサイドパーク足湯施設
	明日法福寺温泉	黒部市宇奈月町明日字胡麻堂沢	ナトリウム-炭酸水素塩・塩化物泉	動力揚水 130.0	712	30	7.46	2138	明日山荘さか栄
	黒薙温泉（1、5、7号井）	黒部市宇奈月町黒部奥山国有林（黒薙川右岸）	単純温泉	掘削自噴 479	不明	98.3	8.11	542	黒薙温泉旅館
	宇奈月温泉（3、4、6、9号井、自噴泉）	黒部市宇奈月町黒部奥山国有林（黒薙川左岸）	単純温泉	自然湧出 掘削自噴 1,660	100	98.3	8.19	394	⑫とちの湯、⑬湯めどころ宇奈月、ホテル桃源、サン柳亭、ペンションチャーリー・クラブ、民宿宇えだ、あららぎ荘、延楽、フィール宇奈月、お酒のお宿喜泉、ホテル黒部、宇奈月グランドホテル、宇奈月延対寺荘、グランヴィリオホテル宇奈月温泉、クリスタルバリー宇奈月、足湯「おもかげ」、黒部・宇奈月温泉やまのは、宇奈月温泉駅の足湯「くろなぎ」、柏や手湯
	鐘釣温泉	黒部市宇奈月町黒部字黒部奥山国有林	単純温泉	測定不能		42.7	8.04	283	鐘釣温泉旅館
	祖母谷温泉	黒部市宇奈月町黒部字黒部奥山	単純硫黄泉	自然湧出 373		77.5	7.7	787	山小屋祖母谷温泉、名剣温泉、猿飛山荘、欅平園地足湯
	阿曽原温泉	黒部市宇奈月町黒部字黒部奥山国有林	単純温泉	自然湧出 46.3		47.3	7.4	754	阿曽原温泉小屋
魚津市	金太郎温泉	魚津市東尾崎字下田割	含硫黄-ナトリウム・カルシウム-塩化物泉（硫化水素型）	測定不能	770	73.5	6.96	16688	⑮カルナの湯
	金太郎温泉（2号井）	魚津市東尾崎字下田割		測定不能	1,020				
	金太郎温泉（3号井）	魚津市東尾崎字下田割		測定不能	1,000				
滑川市	早月川温泉	滑川市蓑輪字村巻	ナトリウム-硫酸塩泉	動力揚水 61.0	揚水設備不具合のため現在は提供停止				
上市町	越中つるぎ温泉	上市町湯上野字神明下	アルカリ性単純温泉	動力揚水 87.9	1,000	30.4	9.4	589.4	つるぎ恋月
	上市町湯上野温泉	上市町湯上野	アルカリ性単純温泉	動力揚水 42.0	1,501	33.8	9.2	193.9	⑯アルプスの湯
	上市町湯上野温泉（2号井）	上市町湯上野	アルカリ性単純温泉	動力揚水 35.0	1,500	37.1	8.9	889.2	
	大岩湯神子温泉	上市町湯神子焼田	なし（メタケイ酸）	掘削自噴 7	350	21.5	7.35	160	⑰ゆのみこ
	大岩不動の湯	上市町大岩字坊村	ナトリウム・カルシウム-硫酸塩・塩化物泉	動力揚水 110.0	1,500	47	8.2	5429	⑥大岩不動の湯

富山県厚生部「富山県の温泉」令和５年12月版をもとに作成

市町村	温泉地名	源泉の湧出地点	泉質名	湧出又は揚水量（L/分）	深さ（m）	泉温（℃）	pH	溶存物質（mg/kg）	利用許可施設の名称
立山町	立山吉峰温泉	立山町下田字面山割	アルカリ性単純温泉	動力揚水 150.0	915	31.8	9.6	445	(78)ゆ～ランド、吉峰温泉デイサービスセンター
	地獄谷温泉（1）みくりが池温泉	立山町室堂平地獄谷地内	単純酸性泉	自然湧出 60		43.5	2.2	337	みくりが池温泉
	地獄谷温泉（3）雷鳥温泉	立山町芦峅寺ブナ坂外（国有林）	単純温泉	自然湧出 49.7		44.2	3.8	283	雷鳥荘
	地獄谷温泉（4）雷鳥沢温泉	立山町芦峅寺ブナ坂外（国有林地獄谷地内）	単純硫黄温泉（硫化水素型）	自然湧出 25		51.5	5.54	279.1	雷鳥沢ヒュッテ、ロッジ立山連峰
舟橋村	ふなはし温泉1号井	舟橋村古海老江	ナトリウム-塩化物泉	測定不能	1,588	33.5	8.7	1120	(54)湯めごごち
富山市	鯰第一温泉ふじのや	富山市四方荒屋	なし（総鉄イオン（鉄Ⅱイオン＋鉄Ⅲイオン）	動力揚水 109.0	10	15.8	6.9	80.7	鯰第一温泉ふじのや
	鯰温泉（3号井）	富山市今市	含硫黄-ナトリウム-塩化物泉	動力揚水 50.0	1,283	29.1	7.18	6098	⑭鯰温泉
	鯰温泉（5号井）	富山市今市字居縄	含鉄（Ⅱ、Ⅲ）-ナトリウム・カルシウム・マグネシウム-塩化物冷鉱泉	動力揚水 100.0	30	19.3	6.8	1591	
	萩の湯	富山市東岩瀬荒木町	ナトリウム・カルシウム-塩化物泉	動力揚水 89.0	63	17.5	7.04	8446	⑫萩の湯温泉
	日方江温泉	富山市針日字林割	ナトリウム-塩化物泉	動力揚水 120.0	1,351	44	8.1	2376	日方江温泉、日方江有料老人ホーム
	水橋野村温泉	富山市辻ヶ堂	アルカリ性単純温泉	掘削自噴 350	1,315	41.1	8.68	406.7	野村病院
	水橋温泉	富山市水橋中村町字花内	ナトリウム-塩化物泉	掘削自噴 500	1,400	49.8	7.6	3967	⑨ごくらくの湯
	チューリップ温泉	富山市長江五丁目	アルカリ性単純温泉	動力揚水 450.0	1,200	44.1	9	678.9	チューリップ苑
	剣の湯	富山市大手町	アルカリ性単純温泉	測定不能	1,200	30.9	8.7	370.4	(58)御宿野乃、剣の湯ドーミーイン富山
	古河温泉	富山市星井町二丁目	アルカリ性単純温泉	掘削自噴 720	1,200	41.2	8.8	568.4	富山市角川介護予防センター
	城南温泉	富山市太郎丸西町一丁目	アルカリ性単純温泉	測定不能	1,208	40.8	9.06	467.6	シルバーケア城南、富山城南温泉病院、富山城南温泉第二病院
	いま泉病院温泉	富山市今泉	単純温泉	測定不能	1,200	25.5	8.18	281.8	老人保健施設シルバーケア今泉、いま泉病院
	長八温泉	富山市上袋	アルカリ性単純温泉	掘削自噴 450	1,500	38.7	8.66	409	(79)ゆくりえ
	にながわ天然温泉	富山市二俣	ナトリウム-塩化物泉	掘削自噴 161	1,600	46.4	7.8	6262	にながわ敬寿苑
	国際健康プラザ温泉	富山市友杉字たいとう田割	ナトリウム-塩化物泉	測定不能	1,450	44.1	7.94	4258	富山県国際健康プラザ
	アメニティ月岡温泉	富山市月岡町二丁目	ナトリウム-塩化物泉	動力揚水 23.0	1,447	13	6.51	2396	介護老人保健施設アメニティ月岡
	ふるさと温泉	富山市婦中町羽根	単純温泉	掘削自噴 200	1,000	32.1	8.2	328.6	軽費老人ホームケアハウス婦中苑、特別養護老人ホームふるさと敬寿苑、介護老人保健施設シルバーケア羽根苑
	友愛温泉	富山市婦中町新町字野田	ナトリウム-塩化物泉	動力揚水 36.0	1,601	38.6	7.6	9776	友愛温泉病院
	富山古洞の森温泉	富山市三熊字中山	ナトリウム-塩化物・炭酸水素塩泉	動力揚水 60.0	2,000	33.6	8.4	2112	旧富山市古洞の森自然活用村（閉業中）

市町村	温泉地名	源泉の湧出地点	泉質名	湧出又は揚水量（L/分）	深さ（m）	泉温（℃）	pH	溶存物質（mg/kg）	利用許可施設の名称
富山市	牛岳温泉	富山市山田中村字湯谷	ナトリウム・カルシウム-塩化物泉	動力揚水 310.0	705	63.7	8.55	3381	(84)**牛岳温泉健康センター**、牛岳ユースハイランド、ヒュッテコンパニー、牛岳シャレーブロン、富山市野外教育活動センター、髙﨑家
	山田西温泉	富山市山田湯字沢岨	ナトリウム・カルシウム-塩化物泉	動力揚水 100.0	不明	35.2	8.64	1933.3	光楽
	山田温泉（2号井）	富山市山田湯	ナトリウム・カルシウム-塩化物泉	動力揚水 200.0	210	37.1	8.68	2018	山田温泉玄猿楼
	角間温泉	富山市八尾町角間字奥角間	ナトリウム・カルシウム-塩化物泉	動力揚水 50.0	1,100	47.5	8.31	7976	(82)**ゆうゆう館**
	八尾ゆめの森温泉	富山市八尾町下笹原			1,500				
	大長谷温泉	富山市八尾町杉平字北草連	アルカリ性単純温泉	動力揚水 17.0	1,550	37	8.77	596.9	(83)**大長谷温泉**
	春日温泉（3号井）	富山市春日	ナトリウム-塩化物泉	動力揚水 60.0	1,232	44	8.31	7360	(80)**ゆーとりあ越中**、大沢野老人福祉施設かがやき、特別養護老人ホームささづ苑、リバーリトリート雅樂倶、春日温泉公園足湯、大沢野健康福祉センターウインディ
	春日温泉（4号井）	富山市笹津	ナトリウム-塩化物泉	動力揚水 93.0	1,500	72.9	7.12	5347	(80)**ゆーとりあ越中**、大沢野健康福祉センターウィンディ、福祉プラザさるびあ、リバーリトリート雅樂倶、アイザック足湯公園
	神通峡岩稲温泉	富山市岩稲字中ノ谷	ナトリウム-塩化物・炭酸水素塩泉	動力揚水 95.0	揚水設備不具合のため現在は提供停止				
	神通峡温泉	富山市楡原字東島	ナトリウム-硫酸塩泉	動力揚水 130.0	1,000	40.7	8.77	1104	(81)**楽今日館**
	立山山麓温泉	富山市原字尊谷割	ナトリウム-炭酸水素塩泉	動力揚水 35.7	1,215	39.3	8.82	1248	やまびこ、ロッジ太郎、立山国際ホテル、びんてる名剣、立山山麓温泉スタンド、ロッジプータロ、ペンション愛花夢、癒しの湯宿クレヨンハウス、里の湯雷鳥、ペンションホワイトベル、森の雫、グリーンビュー立山、千寿荘、(81)楽今日館
	粟巣野温泉	富山市原字猫又割	アルカリ性単純硫黄泉	動力揚水 159.0	737	46.1	9.99	602.3	ホテル森の風立山
	亀谷温泉	富山市小見亀谷入会地入会山割	単純硫黄泉	掘削自噴 110	300	31.9	9.95	208	⑧**白樺の湯**、貴水館、ホテルおおやま、有峰山荘
	天涯の湯	富山市有峰字真川谷割	単純温泉	測定不能		57.5	7.28	672.3	天涯の湯
	立山温泉	富山市有峰真川谷割	単純温泉	自然湧出 73		62	8.4	481.3	―――
	高天ヶ原温泉	富山市有峰字黒部谷割	単純硫黄泉（硫化水素型）	自然湧出 15		51.1	6.15	504	高天ヶ原温泉
射水市	足洗温泉	射水市本江北	ナトリウム・カルシウム-塩化物泉	動力揚水 85.0	745	31.5	7.7	2454	サープレィ足洗温泉
	新湊温泉	射水市鏡宮	ナトリウム-塩化物泉	動力揚水 320.0	1,200	42	7.5	14431	(59)**海王**
	太閤山天然温泉 太閤の湯	射水市黒河字二十石	ナトリウム-塩化物泉	動力揚水 114.0	1,200	40	7.6	15760	(60)**太閤の湯**
高岡市	雨晴温泉	高岡市渋谷字長苗代	ナトリウム・カルシウム-塩化物強塩温泉	動力揚水 74.0	744	37.8	7.8	29200	磯はなび
	雨晴温泉2号井	高岡市太田字桜谷	ナトリウム-塩化物泉	動力揚水 14.9	1,210	20.2	8.7	2440	
	二上万葉苑温泉	高岡市二上町	ナトリウム-塩化物強塩泉	動力揚水 25.0	1,002	19.2	7.75	27260	特別養護老人ホーム二上万葉苑

市町村	温泉地名	源泉の湧出地点	泉質名	湧出又は揚水量（L／分）	深さ（m）	泉温（℃）	pH	溶存物質（mg/kg）	利用許可施設の名称
高岡市	三協立山株式会社高岡保養所まんよう荘	高岡市長江	含二酸化炭素-ナトリウム・マグネシウム-炭酸水素・塩化物泉	動力揚水 100.0	160	27.8	6.32	6722	三協立山アルミ高岡保養所まんよう荘
	高岡岩坪温泉求泉	高岡市岩坪字口山	単純温泉	動力揚水 60.0	303	25.1	8.4	416	高岡岩坪温泉凧
	越中五位花尾温泉	高岡市福岡町五位中野口	ナトリウム-塩化物・硫酸塩泉	動力揚水 117.0	805	30.5	7.98	4661	越中五位花尾温泉山帽子
	香野苑温泉第１源泉	高岡市上渡字大割	単純温泉	動力揚水 200.0	500	27.8	8.2	554.7	⑮グランスパかの苑、社会福祉法人立野福祉会
	香野苑温泉第２源泉	高岡市上渡字大割	ナトリウム-塩化物泉	動力揚水 205.0	1,200	35.9	7.6	2080	⑮グランスパかの苑
	といで温泉	高岡市戸出町３丁目	ナトリウム-塩化物泉	動力揚水 218.0	1,251	35.8	7.7	2011	高齢者生活支援ハウスいきいきサポートセンターゆめ
氷見市	九殿浜温泉	氷見市姿字九殿	ナトリウム-塩化物泉	掘削自噴 16	847	47.6	8.26	1412	⑳ひみのはな
	氷見温泉	氷見市宇波字越前	ナトリウム-塩化物泉	動力揚水 292.0	821	40.1	8.1	7976	民宿すがた、民宿あさひや、磯の音氷見っ子、民宿興市郎、コマツ氷見海浜クラブ
	岩井戸温泉（１号井）	氷見市宇波字戸屋	ナトリウム-塩化物泉	動力揚水 62.3	1,122	49.9	7.64	10413	くつろぎの宿うみあかり
	岩井戸温泉（２号井）	氷見市宇波字戸屋	ナトリウム-塩化物泉	動力揚水 122.0	876	54.2	8.08	7587	⑲潮の香亭
	氷見灘浦温泉元湯	氷見市泊	ナトリウム-塩化物泉	動力揚水 58.0	705	56.3	7.97	8644	民宿磯波風
	ひみ阿尾の浦温泉	氷見市阿尾字向田	ナトリウム-塩化物泉	動力揚水 85.0	734	47.6	7.65	10417	永芳閣、魚眠洞、粋な民宿美岬、民宿みちしお
	氷見有磯温泉	氷見市指崎	ナトリウム-塩化物泉	動力揚水 34.0	520	38.3	8.11	3448.8	⑱湯の里いけもり、さっさきテルマエデイサービスセンター
	栄和温泉	氷見市阿尾字島尾	ナトリウム-塩化物泉	動力揚水 198.0	863	57.2	7.22	12099	民宿叶、民宿げんろく、湯の屋
	みろく温泉こーざぶろー源泉	氷見市阿尾	ナトリウム-塩化物・炭酸水素塩泉	動力揚水 28.8	300	25.2	8	2897	みろくの湯の宿こーざぶろう
	氷見総湯温泉	氷見市北大町	ナトリウム-塩化物強塩泉	動力揚水 160.0	1,250	65.5	7.25	24117.3	⑰総湯、メディカルフィットネスＳ－ｃａｎ、北大町足湯
	氷見天然温泉「しおさいの湯」	氷見市加納	ナトリウム-塩化物強塩泉	測定不能	1,104	48.3	7.5	27860	ホテルグランティア氷見
	ひみ松田江温泉	氷見市窪字穴畑	ナトリウム-塩化物泉	動力揚水 96.0	1,200	30.6	7.03	7328	民宿あおまさ
	陽和温泉	氷見市堀田字且間	ナトリウム-塩化物泉	動力揚水 76.2	840	33.8	8.5	3778	陽和温泉病院
	堀田の湯	氷見市堀田	ナトリウム-塩化物泉	測定不能		15	8.1	7144	堀田の湯
	神代温泉	氷見市神代蒲田字弥次郎	ナトリウム-塩化物強塩泉	掘削自噴 32	500	46	7.23	20993	⑯神代温泉
小矢部市	宮島温泉	小矢部市高坂字谷内	カルシウム・ナトリウム-塩化物・硫酸塩泉	掘削自噴 65	592	44.4	8.96	3970	㉑滝乃荘
	小矢部温泉	小矢部市宇治新字大西島	単純温泉	動力揚水 380.0	1,001	27.1	7.4	172	⑭天然温泉風の森
砺波市	越中となみ野温泉	砺波市安川字天皇	ナトリウム-塩化物・炭酸水素塩泉	動力揚水 26.0	1,650	25.8	7.9	7339	Ｒｏｙａｌ Ｈｏｔｅｌ富山砺波
	ＨＯＴＥＬ ＡＭＢＥＲ	砺波市五郎丸字寺島	ナトリウム-塩化物泉	動力揚水 23.2	1,250	38.6	8	2085	ホテルアンバー

市町村	温泉地名	源泉の湧出地点	泉質名	湧出又は揚水量（L/分）	深さ（m）	泉温（℃）	pH	溶存物質（mg/kg）	利用許可施設の名称
砺波市	庄川清流温泉	砺波市庄川町青島	含鉄-ナトリウム-塩化物・炭酸水素塩泉	掘削自噴 40	1,300	22.3	6.4	12021	⑮３７ＢＡＳＥ、㉜となみ野庄川荘一萬亭、㉝ゆずの郷 やまぶき、庄川温泉風流味道座敷ゆめつづり、庄川ウッドプラザ、鳥越の宿三楽園、足湯、株式会社やまぶき、古民家 柚子季、井波 古香里庵 別邸 瑞雲、合同会社 株坂商事
	庄川温泉（鳥越の湯）	砺波市庄川町金屋字大宮野	カルシウム・マグネシウム・ナトリウム-炭酸水素・塩化物泉	自然湧出 129		14.8	6.4	2094	鳥越の宿三楽園、古民家 柚子季
	おまき源泉	砺波市庄川町小牧字北牧	カルシウム・ナトリウム-塩化物泉	動力揚水 240.0	1,100	42.1	8.3	2720	スパガーデン和園、ぼんさん山
	湯谷温泉	砺波市庄川町湯谷	ナトリウム・カルシウム-塩化物泉	自然湧出 202	45	39	9.5	1468	㉞湯谷温泉
南砺市	川合田温泉	南砺市川西	ナトリウム-塩化物泉	測定不能		16	7.59	3161	⑯川合田温泉／サウナ部
	法林寺温泉（1号井）	南砺市法林寺字百丸	ナトリウム-硫酸塩・塩化物泉	掘削自噴 31	350	46	9.2	1064	㉟法林寺温泉
	法林寺温泉（2号井）	南砺市法林寺字百丸		掘削自噴 12	250	40.5	9.21	1222	
	華山温泉（2号井）	南砺市川西	ナトリウム-塩化物泉	動力揚水 88.3	1,008	43	7.77	4337	ふくみつ華山温泉、越中井波町屋旅館古香里庵
	華山温泉（3号井）	南砺市川西字林山	ナトリウム-塩化物・硫酸塩泉	動力揚水 33.8	1,310	29.5	8.53	1693	コマツ福光荘
	福光小又温泉	南砺市小又字村中	アルカリ性単純温泉	動力揚水 16.5	665	45.1	8.9	891	㊲ぬく森の郷
	アローザ温泉	南砺市才川七字荒山	ナトリウム-塩化物・硫酸塩泉	動力揚水 66.5	1,100	32.1	8.85	2779	ＩＯＸ・ヴァルト、ＩＯＸクルム、福光保健館
	福光温泉	南砺市網掛	ナトリウム・カルシウム-塩化物・硫酸塩泉	測定不能	350	32.6	7.89	3398	㊱福光温泉
	桜ケ池温泉	南砺市立野原東字丸山	ナトリウム・カルシウム-塩化物泉	動力揚水 8.4	1,226	37.2	7.97	5647	㊳桜ヶ池クアガーデン
	椿温泉	南砺市川上中字大野島	なし（総鉄イオン）	動力揚水 30.1	1,001	19.7	7.2	940.9	⑰ゆ〜ゆランド・花椿
	庄川峡長崎温泉	南砺市利賀村長崎字川戸山	アルカリ性単純温泉	動力揚水 130.0	652	25.9	9.45	152.3	利賀乃家、民宿茂兵衛、ながさき家、古民家の宿おかべ、北原荘
	大牧温泉	南砺市利賀村大牧	ナトリウム・カルシウム-塩化物・硫酸塩泉	動力揚水 304.0	80	57.6	8.13	4025	大牧温泉観光旅館
	新五箇山温泉	南砺市大崩島字牧の上	カルシウム・ナトリウム-硫酸塩泉	動力揚水 109.0	1,331	42.9	8.6	1401	⑱ゆ〜楽、つつじ荘
	天竺温泉	南砺市利賀村上百瀬字東山	アルカリ性単純温泉	動力揚水 35.0	1,100	27.5	9.6	262.2	天竺温泉の郷
	五ケ山温泉	南砺市上梨字向山	アルカリ性単純温泉	掘削自噴 130	100	33.4	8.9	707.3	㊴五箇山荘
	くろば温泉	南砺市上平細島	ナトリウム・カルシウム-硫酸塩・塩化物泉	動力揚水 66.0	1,259	28	7.7	5714	㊵くろば温泉、南砺市上平デイサービスセンター
	越中五箇山小瀬羽馬温泉	南砺市小瀬字北方	カルシウム・ナトリウム-硫酸塩泉	掘削自噴 88	602	34.9	8.55	2555	よしのや、赤尾館、合掌の里、羽馬

［編集後記］

自宅や職場からちょっと離れて、素の自分になれる居心地のいい場所を、近年は「サードプレイス」というようです。本書は読者の「サードプレイス」として、富山県内の銭湯・サウナ・温泉施設から 100 店を紹介しています。

制作期間中、経営者の引退や能登半島地震などの影響でやむなく休業された施設を含め、本書の企画に賛同し、ご協力くださったすべての皆様に感謝いたします。またこの企画をきっかけに、富山県浴場組合は「富山銭湯めぐり」の冊子づくりに取り組まれ、本書執筆者が編集協力しました。冊子の方も好評を博し、よろこばしい展開となっています。これからも日本固有のお風呂文化を毎日の暮らしのなかで大切にできたらうれしいです。（編集チーム一同）

富山の日帰り湯　銭湯 サウナ 温泉 100
発行日　2024 年 7 月 11 日

発行人　蒲地　誠
発行所　北日本新聞社
〒930-0094
富山市安住町2番 14 号
電 話　076-445-3352
FAX　076-445-3591
振替口座　00780-6-450
https://webun.jp/

銭湯 サウナ 温泉 100 富山の日帰り湯

取材執筆／本田光信（ライター・おゆ丸）
わがまちのお風呂屋さん No. ①～⑥ ⑧～㊽／日帰りお気楽温泉 No. ㊾ ㉑～ ㉕
特集：富山舞台の映画「ゆ」 平井敦士監督が語る／湯けむりトーク in とやま
岩田健吾（ライター）
サウナ ダイスキ !! No. ㊾ ㊿～⑥⓪ ⑥② ⑥④～⑥⑧／日帰りお気楽温泉 No. ⑦⓪
浦奈保美（ゆっ子・北日本新聞開発センター）
わがまちのお風呂屋さん No. ⑦／サウナ ダイスキ !! No. ⑥① ⑥③／日帰りお気楽温泉 No. ⑦⑥～⑩⓪
読み物：大きなお風呂の世界へようこそ!／「ととのう」って何ですか？／温泉と療養泉の入り方／温泉ができるまでの秘密
津田清和（北日本新聞開発センター）サウナ ダイスキ !! No. ㊿
協　力／富山県公衆浴場業生活衛生同業組合、富山県ホテル・旅館生活衛生同業組合
写　真／本田光信、岩田健吾、北日本新聞社、北日本新聞開発センター、掲載温浴施設の皆様
企画・編集／北日本新聞開発センター
装丁・デザイン／寺越寛史・村上弥華佐（アイアンオー）
校　正／岡田幸生（ずっと三時）
制　作／北日本新聞開発センター、モンスーンハウス、アート・アイズ・クリエイション
印刷・製本／シナノパブリッシングプレス